ANTHOLOGY OF
SECOND WORLD WAR
FRENCH POETRY

METHUEN'S TWENTIETH CENTURY
FRENCH TEXTS

Founder Editor: W.J. STRACHAN, M.A. (1959–78)
General Editor: J.E. FLOWER

METHUEN'S TWENTIETH CENTURY TEXTS

ANTHOLOGY OF SECOND WORLD WAR FRENCH POETRY

Edited by
Ian Higgins, B.A., B.Litt.
Lecturer in French
University of St Andrews

Methuen Educational Ltd

*First published in this edition in 1982 by
Methuen Educational Ltd
11 New Fetter Lane, London EC4P 4EE*

Introduction and Notes © 1982 Ian Higgins

*Typeset by Aurophotosetters, Pondicherry, India
Printed in Great Britain by Richard Clay (The Chaucer Press) Ltd,
Bungay, Suffolk*

British Library Cataloguing in Publication Data

Anthology of Second World War French poetry.—
(Methuen's twentieth century texts)
1. French poetry—20th century
I. Higgins, Ian
841'.912   PQ1184

ISBN 0-423-50860-1

CONTENTS

PREFACE

An anthology like this one, designed for use in sixth forms and universities, poses special problems for the compiler. There have to be enough poets for students to be able to form an idea of the field as a whole, but there have to be enough poems by each poet for students to be able to form a useful idea of his work. At the same time, within the field of Second World War French poetry there are a number of recognizable themes and areas of experience, each of which would be fully represented in a comprehensive anthology. But there is a limit to what schools and university students can afford, and it is impossible fully to satisfy all three of these demands while remaining within that limit. Another problem is whether to include extracts, or only use whole poems. In composing this anthology, I have felt it most important to meet the first two requirements, and not to betray the poets – as often happens – by taking extracts from their poems. So it is that, taking these criteria into account, I have had regretfully to leave out many poets deserving of a place, in particular Audisio, Fondane, Fouchet, Michaux, Saint-John Perse, Supervielle and Tzara.

Like all anthologies, then, this one is a compromise, but, I hope, a useful one. It has three main aims. The first is to show that, while there is a lot of very good Second World War French poetry, whose importance is just beginning to be seen in France, this is far from constituting a movement or a monolithic genre, and it is much less easy to generalize about than, say, English First World War poetry. The second aim is to introduce to English-speaking teachers and students the work of French poets little known or unknown in Britain, and the third is to serve as an introduction to the study of poetry in general and modern French poetry in particular. The thematic common denominators underlying this very varied poetry automatically give it a degree of coherence which most anthologies inevitably lack. For this reason, a reader may well enjoy browsing in this anthology, but he or she will miss much that is important, because the volume is really constructed to be read as a single text. The selection has nevertheless been made in such a way as to permit two sorts of study: individual poets can be examined in their own right, and poets can be compared and contrasted in respect of particular themes and techniques. To this end, the poems are as far as possible typical of the poets' work as a whole, as well as of their war poetry. Each poem has also been chosen in such a way that, properly to discuss it, the student must carefully read the others by the poet as well. The Introduction and Notes are designed to complement each other with a minimum of overlap: the Notes consequently depend to a great extent on a careful prior reading of the Introduction. The Introduction sketches the historical background, out-lines the major literary problems raised by the phenomenon of Second World War French poetry, and explains basic principles of French versification for those unfamiliar with it. The Notes, while illuminating cultural, historical and linguis-tic obscurities, are in no way intended as analyses of the poems; they simply suggest some of the questions which might most profitably be considered, in the hope that the student will return to the texts and discern further points. To save space, I have not given notes on epigraphs to poems, except where the epigraph helps to understand the poem.

A final factor borne in mind in choosing the poems was the fortunate existence of four other selections. H. Pouzol's *La*

xiv   SECOND WORLD WAR FRENCH POETRY

Poésie concentrationnaire is a moving anthology of poetry written in German concentration camps. M.-P. Fouchet's 'Les poètes de la revue *Fontaine*' is a special issue of *Poésie 1* (nos. 55–61). (*Fontaine* was one of the leading poetry magazines of the war, and a focus for Resistance.) The special issue of *Europe* entitled 'La Poésie et la Résistance' contains many useful articles and a very interesting 'Essai d'anthologie de la poésie populaire de la Résistance'. Finally, there is a large selection of Resistance poetry (but the term is defined widely) in P. Seghers' *La Résistance et ses poètes*. If, in studying this anthology, the reader can refer to these other works, in particular the last, then he or she will get an idea of the full variety of the poetry which can usefully be called Second World War poetry.

Many of the poems selected have undergone revisions since they were first published. I have chosen the most recent version in every case but two – Aragon's 'Ballade de celui qui chanta dans les supplices' and Ponge's 'Sombre période' (see below, p. 44, and Notes to the poems). In all but one of the few cases where there are slight differences between the current published version and the text here, the changes have been made in accordance with instructions from the poet. The exception is Desnos's 'Dans l'allée...', where, to avoid an obvious misprint, I have used the reading of line 4 given by P. Berger in *Preuves*, juin 1953.

Frustrating though it is to compile an anthology, I have derived consolation and inspiration from the human contacts the work has brought me. MM. Guillevic, Ponge, Scheler, Seghers and Tardieu all welcomed me into their homes, and matched their generosity with their patience and helpfulness, both in conversation and subsequently as correspondents. MM. Bérimont, Cassou, Cayrol, Emmanuel, Frénaud, Marcenac and Verdet have all taken the trouble to write long, detailed letters in response to queries which must often have seemed footling or tedious.

Not only to the poets do I owe debts. It is no exaggeration to say that, in particular, M.H. Béhar, Mr M. Bishop,

Mr G. Chesters, Dr C. Crow, Mme. M.-C. Dumas, Professor J. Flower, Dr D. Gascoigne, M.J. Gaucheron, Mrs E. Higgins, M.G. Mounin, Dr M. Scott and M.P. Vincensini have furnished information and made suggestions which have greatly helped me in my work. I thank them in the hope that the finished product is worth the time they devoted to it.

Finally, I should like to thank the University of St Andrews for granting me study leave and grants towards the cost of travel and research, and the Carnegie Trust for the Universities of Scotland for a grant towards travel and research.

ACKNOWLEDGEMENTS

The editor and publisher would like to thank the following for permission to reproduce copyright material:

Luc Bérimont for 'P.C. 40', 'Chanson de route', 'Saison' from *Lyre à feu*, three poems ('Tu marchais dans l'averse...', 'Le boulanger penché...', 'Le temps du beau plaisir...') from *La Huche à pain*; J. Bret for 'Neige' and 'Automne' from *Neige et 20 poèmes*, 'Deuil' from *Contre-feu*; Éditions de la Baconnière for 'Dormez-vous?' 'O fruit dépossédé...' from *Miroir de la rédemption*; Éditions de Minuit for 'Comprenne qui voudra', 'Gabriel Péri', 'Faire vivre' from *Au Rendez-vous allemand (Œuvres complètes*, vol. I); Pierre Emmanuel for 'Soir de l'homme', 'Les dents serrées', 'Otages' from *Combats avec tes défenseurs* suivi de *La Liberté guide nos pas*, 'Mourir' from *Jour de colère*, 'Près de la fosse' from *Tristesse ô ma patrie*; Éditions du Seuil for 'Le roulement des roues...', 'Ô chanson poignardée...', 'Pourquoi verte...' from *Chansons du dé à coudre*; Éditions Gallimard for 'Louis Curel de la Sorgue', 'Chant du refus', 'Carte du 8 novembre', 'Plissement', 'Hommage et famine', 'La liberté', 'J'habite une douleur', 'Seuil', 'Affres, détonation, silence from *Fureur et mystère*, 'Dans l'allée où la nuit...', 'La cascade', 'Le cimetière', 'La ville', 'La voix', 'La peste' from *Calixto*, suivi de *Contrée*, 'Ce cœur qui haissait la guerre...',

'Le legs' from *Destinée arbitraire*, 'Enfants', 'Patience', 'Le guerrier et la coquille' from *Œuvres complètes*, (vol. I), 'Le départ de Diemeringen', 'Brandebourg', 'Les rois mages', 'Printemps' from *Les Rois mages*, 'Vainqueur aride', 'Figures sur le navire', 'Assèchement de la plaie', 'Nourritures de la terre' from *La Sainte face*. 'Un tel', 'Les charniers', 'Bretagne', 'Souvenir', 'Vercors', 'Vivre dans l'air avec l'oiseau...', 'A genoux sous le vent...', 'Ceux qui sont à la pointe...', 'Chanson' ('Les meneurs de jeu...'), 'Chanson' ('Avec le chanvre on fait...') from *Exécutoire*, 'Le platane', paragraph from 'Ode inachevée à la boue', 'La métamorphose' from *Pièces*, 'Détestation', 'Baptême funèbre' from *Lyres*, 'Vacances', 'Actualités 1942', 'Ô pays nommé France', 'Le vent', 'Oradour' from *Jours pétrifiés*, 'La ville en moi fermée...' from *Le Fleuve caché*, 'Corot' from *Les Portes de toile*; Éditions Seghers for 'Retour', 'Cœur percé d'une fleche', 'Solitude', 'Demain', 'Confession', 'Mes frères ennemis' from *Poèmes de la nuit et du brouillard*, 'Octobre 41', 'Août 41', 'D'une prison', 'Automne', 'Paroles en l'air', 'Poète', 'Libération de Paris', 'La vérité' from *Le Temps des merveilles*; Paula Masson for 'Poème pour Paula', 'Otages fusillés a Châteaubriant' from *Délivrez-nous du mal*, 'Paris en larmes...', 'Une femme dit...', 'Ô ma patrie pardonne-moi...', 'Ce n'est pas en rêve qu'il pleut...', 'Pour qui sait regarder...' from *Chroniques de la grande nuit*, 'Les mots État français remplaceront République française', 'Ils viennent jusque dans nos bras...', 'Tombeau de Gabriel Péri' from *La Lumière naît le mercredi*; Mercure de France for eight poems (nos III, VIII, XIII, XIV, XX, XXIII, XXV, XXXII) from *33 sonnets composés au secret*, 'Fureur des montagnes', 'Destin', 'La messagère d'un amour futur...', 'Ai-je perdu les biens de la patrie...', 'Non-vie est une vie...', 'Ruine', 'Angles', 'Les steppes et le chant', 'Ode funèbre (I)', 'Ravissement' from *Poésie* (vol. 2), 'Le fil de feu', 'Le silence qui ment', 'Prison', 'Aube sinistre', 'Sous le vent plus dur', 'Temps de paix' from *Main d'œuvre*; Lucien Scheler for 'Noel à croix gammée', 'L'extrême limite', 'Bilan',

'Police', 'Qui perd gagne', 'Le cœur pétrifié', 'In memoriam G.P.' from *La Lampe tempête*; André Verdet for 'Les bourreaux', 'Fée', 'Impuissance', 'La ferme clandestine', 'Poème des heures de Buchenwald', 'Enfants d'Auschwitz et d'ailleurs', 'Le chant' from *Les jours, les nuits et puis l'aurore*.

INTRODUCTION

These notes are not an account of the war, but simply illuminate the background against which this selection of poems was written. Useful histories are listed in the Bibliography.

I *The course of the war*

France and Great Britain, who had undertaken to protect Polish territorial integrity, declared war on Germany on 3 September 1939, in response to the German invasion of Poland. Between then and May 1940 there was little serious fighting in the west, with the French entrenched in the Maginot line, a system of fortifications stretching between the Swiss and Belgian frontiers. This period is known as the *drôle de guerre* ('phoney war'). Numerically and materially the French army was perhaps as well equipped as the German, but certainly badly led. When the Germans began a huge assault into Belgium and the Netherlands on 10 May 1940, the British and French armies advanced into Belgium to meet them. The French high command considered the Ardennes, at the southern end of the Belgian border, too hilly for military operations, and the Germans duly poured through the Ardennes, between the end of the Maginot line and the Allied armies in Belgium, which were soon routed or cut off in the north.

From about 15 May, one of the most spectacularly tragic events of the war took place, the *exode*. Millions of refugees from the north and the Paris region fled the advancing Germans, along with crowds of soldiers whose officers led the way. It is estimated that between 15 May and 20 June, at least six million people left their homes in this way, often bombed and machine-gunned from the air.

The shock of this disaster cannot be overestimated. It was the *exode* that persuaded Marshal Philippe Pétain, on 17 June, to inquire about terms for an armistice. There is little doubt that the great majority of French people were behind him. Pétain had been the general in command at the great battle of Verdun in the First World War, and was revered as a national hero. He had been made prime minister on 16 June, and was widely seen as the potential saviour of France. The Armistice was signed on 22 June, with the Germans having occupied most of northern France. The most significant terms of the Armistice were that the costs of German occupation were to be borne by France, that some one and a half million French prisoners of war were to be kept in Germany – in effect as hostages – and that France should be divided into two zones. The German army would occupy the north and west, and the southern zone would be 'free'. In theory, the whole of France was under French sovereignty, with the government installed at Vichy, in the southern zone; but in fact, in the occupied zone, the authorities had to comply with all the requirements of the German military authorities.

France remained in the grip of the Germans until the Allies landed in Normandy on 6 June 1944, and in Provence on 15 August. With Allied troops advancing from Normandy, an insurrection exploded in Paris on 19 August, and the city was liberated on the 25th. Most of France was free by the end of 1944.

II *Vichy France*

On 11 July 1940, the Vichy government dissolved the third *République française*, a parliamentary democracy, and replaced it with the *État français*, a personal regime with Pétain as its head. The Vichy regime alleged that the Third Republic had let namby-pamby ideas like equality foment a decadent, pleasure-seeking individualism. The motto of republicanism, *Liberté, égalité, fraternité*, was replaced by *Travail, famille, patrie*. Vichy sought a *Révolution nationale*, which would be a return to authority, Catholicism and the soil. There would be no more avant-garde intellectual 'pseudo-culture'. The Republican national holiday, 14 July, was no longer to be celebrated. The *Marseillaise*, which goes back to the French Revolution and had become the national anthem under the Third Republic, was forbidden in the occupied zone. In the southern zone, without being exactly forbidden, it was replaced by *Maréchal, nous voilà*, and it could be inadvisable to sing it. Quoting from it, as many poets did, was doubly subversive, anti-Vichy and anti-German.

On 24 October 1940, Pétain committed France to official collaboration with Germany. This was welcomed by the many people who looked forward to founding, with the Germans, an *Ordre nouveau* in Europe, a bastion against 'Bolshevik barbarism'. This collaboration in fact turned out to be entirely one-sided, France gaining nothing and the Germans everything. The Germans eventually occupied the southern zone as well, on 11 November 1942. This was in response to the threat presented by the Allied landings in North Africa on 8 November. The Germans made even greater demands thereafter for money, materials and manpower. Nevertheless, it must not be forgotten that very many individuals actively collaborated with the Germans. After the Liberation in 1944, the immediate effect of this division was widespread summary justice, amounting sometimes to lawlessness; and the bitter hostility between collaborators and *résistants* often exists even today. Although Pétain continued to the end to command enthusiastic crowds wherever he went, the growing realization, by the end of 1942, that he either could not or would not act as the saviour of France was an important factor in the growth of the Resistance.

The strong tradition of anti-Semitism in France was well represented at Vichy. Unasked by the Germans, the regime took early measures against Jews, and continued throughout to harass and intern them and hand them over to the Germans. Massive arrests of Jews were also made by the Germans in the occupied zone. All together 75,000 Jews were deported to the concentration camps in Germany during the Occupation, plus about 63,000 non-racial deportees, of whom about 41,000 were Resistance workers. Virtually all the Jews were killed, and about 40 per cent of the others were killed or died. Vichy created a militia in January 1943, which eventually extended its activity into the northern zone as well. The *Milice*, plentifully manned by French volunteers, was brutal in the hunting, torturing and killing of Jews, Communists and members of the Resistance, and became as feared as the Gestapo.

When the Germans retreated in 1944, they took the Vichy government with them. After the war, its leading figures were tried for treason and some of them executed. Pétain, who by then was eighty-nine, was condemned to life imprisonment.

III *The Resistance*

The story of the Resistance is extremely complicated. Vichy and the Germans took the line that these 'terrorist' organisations were Jewish and Communist. Clearly there were Jews in the Resistance, and the Communists were the biggest single group in it, but its recruits came from a wide range of social backgrounds, political persuasions and religious beliefs. There was not at first anything like a single Resistance movement, but a whole lot of spontaneous, scattered groups with a variety of aims, and many of them were quickly destroyed. Even after most Resistance work was co-ordinated into a few main groups, there were mavericks, especially in 1944. Nevertheless, the story of the Resistance is one of the awe-inspiring courage of a small part of the French population, and of a struggle not only – or even primarily, for many participants – for France, but also against the moral degradation inflicted on mankind by Fascism.

There were three main impetuses to the growth of the Resistance. The first was the alignment of the French Communist party against Germany. The position of the Communists needs explaining. Communism has always been a much more serious option in French politics than in British, and the reader should not be surprised that many poets in this anthology were or are Communists. In January 1936, for example, there had been 81,000 Party members, and the Communists, allied with the Socialists in a *Front populaire*, were elected to government in that year. But their patriotism was questioned, because Communism is a supra-national ideology. Their position was made very difficult by the unexpected signing of a German–Soviet non-aggression pact on 23 August 1939. When war broke out, they declared themselves ready to fight any invader, but the Party was actually made illegal by the French government on 26 September 1939. This early experience of illegality and clandestine organisation was what later made the Communists such an effectively disciplined part of the Resistance. Many Communists fought bravely in the battles of May and June 1940 – Aragon, one of the poets in this volume, was twice decorated – but after the Armistice, the party as a whole, while still illegal, was in principle a *de facto* ally of the Germans. It was the German invasion of the Soviet Union on 22 June 1941 that finally brought the whole party into the Resistance.

The second impetus to the Resistance was the growing realisation, from late 1942, that Vichy's collaborationism was positively damaging to France, and the third was the introduction, in September 1942, of the *Service du travail obligatoire* (S.T.O.) – the compulsory transfer of men between 18 and 60, and unmarried women between 21 and 35, to work in German factories. The emergence of the *maquis*, groups of guerrillas living rough in the countryside, resulted from massive avoidance of this.

Resistance activity took many forms. From the start, three of the main aims were sabotage, the distribution of subversive literature, from poems to tracts, and the gathering of military information to send to London. After the Communists joined, attacks on individual Germans began. The effectiveness of these assassinations is still debated, because the German reprisal was to shoot large batches of hostages. Notorious early examples were the execution of twenty-seven hostages from Châteaubriant, along with twenty-one from nearby Nantes, on 22 October 1941 (in reprisal for an assassination), and then fifty from Bordeaux on the 23rd (following two more). Such activity went on growing, however, notably through the *Francs-tireurs partisans*, formed in February 1942 as the military arm of the Communist-founded *Front national*. After the landings in Normandy, this para-military activity culminated in full-scale battles in many parts of France between the *maquis* and the German army, often with heavy losses to the French. Many towns and even departments were actually liberated by the Resistance at this time.

The biggest Resistance activity, however, was the transmission of information to London. Other major functions were helping escapers through France, forging and delivering documents, infiltrating government offices, and liaison. Many of the poets in this anthology were members of Resistance groups and performed various of these duties; some others, while not members of any group, willingly delivered documents, sheltered fugitives, and so on. Given universal censorship and the flow of official propaganda in both zones, one of the most vital achievements of all was the publication, in conditions of great danger, of illegal news-sheets, newspapers and reviews. Many were very short-lived, but some had a regular print worthy of national newspapers. The *Comité national des écrivains*, the writers' group of the *Front national*, published a clandestine literary newspaper, *Les Lettres françaises*, in which a number of the poems in this anthology first appeared. Perhaps the most spectacular such enterprise was the clandestine publishing house, Les Éditions de Minuit. From February 1942, when Vercors' famous *Le Silence de la mer* appeared, to the Liberation, it published twenty-five volumes, beautifully produced on quality paper, right under the noses of the Germans in Paris. On 14 July 1943 it published *L'Honneur des poètes*, a pseudonymous anthology of poems, edited by Éluard. Many of those poems figure here, as do some from a second volume, subtitled *Europe*, which was published on 1 May 1944.

IV *Poetry*

A remarkable literary feature of the war was the sudden popularity of poetry. Many looked to it, both as readers and as writers, for a crystallization of their suffering and grief. The same was true, though less spectacularly, in Britain. But poetry also had practical advantages for *résistants* wanting maximum impact in clandestine publications. For instance, it need not take up much space – an important factor if you cannot get your hands on paper (which at that time was severely rationed). Another advantage is that rhythm and rhyme implant poetry more easily in the memory – an important factor when it was dangerous to carry compromising pieces of paper – and so many morale-boosting texts were spread by word of mouth. One of the most notable features of the Occupation, however, was the combination of legality with subversiveness in a kind of writing known as *contrebande*.

A lot of the poems in this anthology are of this type. *Contrebande* poetry has two themes: one on the surface – for example, love, nature, God – to which the authorities cannot take exception, and a hidden one, which will be seen by those who have eyes to see. Aragon, one of the most notable

practitioners of *contrebande*, likened it to mediaeval trou-
badour poetry, in which the poet gets away with singing of
his lover in the presence of her husband. Much of the most
popular poetry of the war was of this kind. Some of these
poets were in the Resistance, while others were not, but all
were protesting against the Germans or Vichy. This poetry,
since it was published legally, is clearly different from clan-
destine poetry: an illegal poem, anonymous or pseudo-
nymous, has no need to pull its punches, but *contrebande* has
to be more subtle.

Some of the focal points for the Resistance in the
southern zone were literary magazines, notably *Con-
fluences*, edited by René Tavernier in Lyon, *Fontaine*,
edited by Max-Pol Fouchet in Algiers, and *Poésie*, edited
by Pierre Seghers at Villeneuve-lès-Avignon. Seghers in
particular is a good poet in his own right, and during the war
produced poetry ranging from the vituperative, through
contrebande to love poetry. He had set up as his own
publisher in 1938, and then, before the defeat, he edited a
soldiers' poetry magazine, *Poètes casqués* (usually abbre-
viated to *P.C.*, which means *poste de commandement* in
military jargon). After the Armistice, this became *Poésie*,
set up with the twin intention of promoting poetry and
maintaining French resistance. As well as the review,
Seghers published books of poems by some of the best-
known poets of the war, and since the war he has been one
of the most prolific publishers of poetry.

Publishing *contrebande* was fraught with risk. All three of
the reviews mentioned here were threatened with closure by
Vichy. Poets like Aragon and Masson eventually had to live
completely in hiding and could not publish legally in France.
Seghers was sought by the Germans from May 1944. In the
northern zone, it was still more difficult, and one of the most
resounding *contrebande* volumes, the 450–page *Domaine
français*, put together by the editor of the review *Messages*,
Jean Lescure, had to appear in Switzerland in 1943.

V *The effect of the war*

This brief sketch of the background to the poems is purely
factual, but it is vital to realise that the war, for a French
person, was not a set of dates and statistics. It was virtual
famine, daily fear, perpetual distrust and confusion: who
was right, the government or the 'terrorist' Resistance
.minority? The experience of the Resistance, for those
seriously committed to it (as opposed to the hangers-on who
joined at the time of the Liberation), was an exalting faith in
the creation of a new, nobler humanity – a faith which was
certainly undermined for many by the feuds and opportunism
which inevitably followed the Liberation. But that faith,
cemented by the danger and fear, and the experience of
torture, imprisonment and the self-sacrifice of thousands of
people, was a response to the depths of degradation to which
humanity was showing it could sink – duplicity, self-interest,
cowardice, a maniacal pursuit of prejudice, and a sick,
obsessive, ingenious cruelty as degrading to torturer as to
tortured. As Sartre said after the war, speaking of people
under torture: 'Il ne s'agissait pas pour eux de croire en
l'homme mais de le vouloir' (*Situations, II*, p. 248). That
is,they had to 'will' man, to *prove* by their behaviour that
there was something worth believing in man: it was im-
possible any longer to fall back on comforting notions like
'basic humanity' – and still less on ethnic or cultural superiority
– because French and Germans alike had shown this un-
dreamt-of capacity for degradation. The war, for the French,
was to a great extent a civil war, and the dominant question
was 'Will I get involved in this, and on which side?'

We in the 1980s have to remember two things above all.
The first is that for everyone at the time, including all the
poets in this anthology, history had not yet been written.
Reading about the war now, we know, however vivid the
account we read, that in the end, after a thousand set-backs,
the Allies will win. The basic history of the Second World
War is so like a classic adventure story that there is a grave

danger of its becoming just that, a set of legends – The Few, El Alamein, Frenchmen derailing trains at night – with victory inevitable in the last reel. In fact, even more to the non-collaborationist French than to the British, the future had never looked blacker, with German victory seemingly certain, at least up to late 1942.

The second thing it is essential to remember is that the Second World War was not, and is not, simply a glorified football match with one side winning and the other losing. However often our televisions show us John Wayne zapping the Japs or Kenneth More the Jerries, that 'victory' does not cancel out the millions of people put to death for ideological reasons, nor the realization that mankind has as big a faculty for bigotry and depraved cruelty as for heroism. As some of these poets have variously said, Hitler in a sense won the war, because we are all impregnated with the evil it released.

SECOND WORLD WAR FRENCH POETRY

The sudden vogue for poetry during the Occupation was welcomed by some critics as a *renouveau poétique*, with poets at long last addressing themselves passionately to ordinary people instead of to an intellectual élite; others deplored it as mere *poésie de circonstance*. The most talked-about poets at the time were nearly all, in different ways, associated with the Resistance. Consequently, if you mention Second World War poetry to most French people today, they immediately exclaim 'Resistance poetry'. Whatever the truth of the matter, 'Resistance poetry' has become firmly consecrated in popular mythology of the war, as durable and as incompletely understood in France as Dunkirk and the Battle of Britain are in the United Kingdom. Popularly, however, it is durable only as a myth, and not in its own right: for most people, even those who do not confuse war poetry with Resistance poetry, the term seems to mean patriotic propaganda in verse, an understandable aberration, useful in keeping up morale during the Occupation, but as ephemeral as the circumstances to which it refers.

These reactions raise important questions for the enjoyment and study of literature, and one function of this anthology is to enable readers to ask them in a profitable way. First, however, before suggesting what they are, one has to define war poetry.

There are many possible definitions of war poetry. For the purpose of this volume, I have chosen as war poetry those poems which, written during or immediately after the war, make reference to it or express a reaction to it. Virtually all, then, is wartime poetry; but not all wartime poetry is necessarily war poetry. Naturally, almost all poetry written at a given moment expresses a reaction to it, even if the reaction is to ignore it. If – for the sake of argument – we call this latter reaction 'indifferent', then the poems here have been chosen because they seem to express a 'concerned' reaction, which may, of course, be explicit or implicit. A poem expressing an 'indifferent' reaction – and there were plenty of those – will be a wartime poem, but not a war poem.

To British readers, the phrase 'war poetry' tends to evoke the anti-war poetry written in 1916–18 by Owen, Sassoon and others. French Second World War poetry is something very different – and different again from English Second World War poetry. The First World War English poets protested against war because of the futile slaughter of a war fought for no very clear reason other than nebulous ideas of national pride. The Second World War was a different affair. While the war-effort was largely sustained on patriotism, the enemy was much more clearly not simply another nation, but something evil: German territorial ambition was the expression of an inhuman ideology, which eventually could only be destroyed by war. English Second World War poetry, then, may mourn lost friends, describe a desert battle, or capture the atmosphere in a POW camp, but it lacks the passion of Owen's poetry, because the moral battle is taken for granted: Nazism is so self-evidently evil that propaganda and bullets unite in protest against it – what is there left for the poet to protest against?

French Second World War poetry is more complicated than the English poetry of either war, or, indeed, than First World War French poetry. In 1914, the majority of French people actually welcomed the war, because it offered a chance of revenge for the Prussian victory of 1870. Further, the fighting was largely on French soil. Consequently, while the English poets protested against the senseless slaughter of millions, many French poets wrote sabre-rattling doggerel as crude as the chauvinism it expressed. Those poets who did eventually write against the war were prevented by censorship from publishing their work, while Apollinaire, the best-known French poet of the war, practised a kind of self-censorship in his published poetry, which was neither chauvinist nor anti-war.

In considering the differences between French and English Second World War poetry, it is essential to bear in mind the fact that, although the Blitz and the V-weapons brought the war on to British soil, they did not bring the Germans. France, on the other hand, was occupied, with two important consequences. First, the French had to come to terms with the everyday presence, in the streets and shops, and often in their houses, of soldiers who were the expression of Nazi ideology. Second, the press and radio, when not the official organs of the Germans or their French collaborators, were all subject to censorship, so that all legal information regarding politics and the course of the war was essentially pro-German. Another vital factor is the widespread sympathy to aspects of Nazism which had been apparent even before the war, and which fuelled collaboration with the Germans after the defeat of 1940. Chauvinism was impossible, because the enemy was not only this German soldier sitting at the next table, but also, perhaps, the French person sitting next to him. It therefore needed effort and courage to maintain a belief that Nazism was evil. For the British, on the other hand, it was in no sense a civil war. The evil which most

British people saw themselves as fighting was, in a sense, simple and at a distance. They were fighting it in the straight-forward way, with guns, and, except for the conscientious objectors, there was little option but to fight it. In France, the evil was more complicated, and omnipresent – even to speak against it was to risk death. It is not surprising that the poetry written in response to these conditions is different from the English poetry of either war.

What this French poetry does share with English First World War poetry, however, is the element of urgent moral protest. To a great extent, it may be this that gives Owen greater power than Sidney Keyes, and Emmanuel more than Edmond Rostand. For good poetry always seems to be essentially resistance, a denial or negation of the way the world is. When Baudelaire says of poetry that 'elle contredit sans cesse le fait, à peine de ne plus être' (*Curiosités esthé-tiques. L'Art romantique*, p. 565), he is calling for use of the imagination to take us beyond what it known into what is possible. This negation of the given is not something life-denying: two of the poets in this anthology, Éluard and Ponge, are among the most joyously affirmative of French poets, but only because they deeply deny the world as it is usually seen and expressed, and create it afresh. A simple pre-war example of this is an untitled poem by Éluard which begins 'La terre est bleue comme une orange' (*Œuvres complètes*, vol. I, p. 232). The reader's reaction to this line is to see blue and orange in vivid contrast with each other, and to reject the simile as impossible. The following line is 'Jamais une erreur les mots ne mentent pas', which drags the reader back to reconsider his rejection. Suddenly, the phrase be-comes ambiguous, instead of nonsensical. Perhaps it is a way of saying that the earth is not blue? Perhaps it is orange, in sunlight? But when does the earth go blue? At night. This implies the revolving earth, the earth as a planet – and perhaps the sun as an orange: two spherical heavenly bodies. In any case, if you want to see a blue orange, it is easy: leave it to go mouldy, and it turns a splendid blue. The reader realises that his original puzzlement did not derive only from the visual contrast, but from two linguistic factors as well. First, the word 'comme' has a whole range of logical possibilities, but most are omitted in any given phrase in everyday discourse. An apparent perceptual contradiction is seen as a set of linguistic problems, Éluard forcing the reader to consider the structures of analogy, the meanings of a simple conjunction, and the question of whether 'une' means 'a particular' orange or 'any' orange. Second, because 'orange' is commonly used as an adjective, this restricts the reader's reaction to the noun 'orange': he instantly feels that the object has got to be orange. But why not round? or blue? Note that all these possibilities arise as questions: this is how the negation of perceptual and linguistic clichés is achieved. And later in the poem, with the imagery of sunrise, the questions are confirmed as the right ones, and in that way answered: this is how the negation is affirmative, as refreshing as a splash in the blue sea or a drink of orange-juice.

This example shows how apolitical peacetime poetry protests against accepted ways of looking at things by denying the world in its relation to language. But what about war poetry? It might be thought that, while poetry is a denial of the status quo, a poem protesting against, say, an invader, is no different from a political tract. In fact, the same is as true, in essence, of the passionate moral protest of war poetry as of the Éluard poem. A poem, to a far greater extent than a tract, actually draws attention to the relation between language and what it denotes. Sometimes it does this explicitly, but usually implicitly. The commonest ways of doing it are through imagery, syntactic deformation or ambiguity, and manipulation of sound and rhythm. Linguistic clichés are denied along with perceptual clichés, and language and world are renewed in terms of one another. The political tract, taking for granted the relation between the words and what they denote, preaches almost exclusively to the converted. A comparison of a tract with a politically orientated war poem will make the difference clear.

Here is a Communist tract – not because Communist tracts are any more crass than those of other parties, but because many of the best poets in this volume were Communists at the time: the reader will find it very instructive to contrast their poetry with the tract. This one is from late 1939, and refers to Armand Pillot, MP for the eighteenth *arrondissement* of Paris, who had broken with the party after the Soviet invasion of Finland (the italics are mine):

C'est au moment où, seul, le *Parti Communiste lutte courageusement* contre *les fauteurs de guerre* et *la réaction*, que Pillot abandonne sa place dans *le combat que mènent les travailleurs* contre les 15%, contre la vie chère, contre *les conditions ignobles de travail* que veulent leur imposer les *gros capitalistes fauteurs de guerre*.

(...)

Pour cacher sa peur de la répression, Pillot dit qu' 'il n'a pas compris les événements de Finlande'. Il n'a pas compris que l'U.R.S.S., *patrie des travailleurs du monde entier, sauvegardait la paix du monde* en signant la série de pactes avec les pays baltes. Pillot n'a pas compris que l'U.R.S.S. obligeait le *gouvernement fantôme* de Tanner à céder le pas à *l'armée et au gouvernement populaires* de Kuusinen. Et qu'ainsi l'U.R.S.S. garantissait aussi ses frontières au moment où tous *les pays capitalistes conspirent contre les grand Pays des Soviets* avec à sa tête *le génial Staline*, continuateur de Lénine.

Quelle différence entre la conduite de *ce rénégat* et la *courageuse attitude* de Maurice Thorez qui, malgré *la répression la plus impitoyable*, reste à son *poste de combat de soldat du Peuple*.

(...)

Les travailleurs du XVIIIème, *ardents combattants de la lutte anti-fasciste* et de Juin 36, *héritiers des Communards de 71*, chasseront celui qui renie tout ce passé et qui ne saurait conduire leur action pour *la défense de leur pain*, pour *les libertés démocratiques*, contre *la guerre impérialiste*.[1]

Most of the fears which underlie this tract were very well founded, but the text itself is yet another permutation of classic clichés (italicised here) and of traditional demagogic devices like cumulative repetition ('contre' three times, 'n'a pas compris' three times, 'pour . . . pour . . . . contre'), overstatement ('seul', 'monde entier', 'tous les pays capitalistes'), or rhetorical use of adjective before noun ('le génial Staline', 'la courageuse attitude'). Also typical of the style is the invocation of glorious precursors ('Communards de 71'), which is meant to confer on the present struggle the exemplary status of a precedent which has become legendary.

These clichés will have made no converts. They are a rallying-cry, a comforting and rousing reinforcement of the most cherished ideas of a party under great pressure. Now compare them with the last two stanzas of a poem from this anthology, Seghers' 'Octobre 41', which refers to the execution of the hostages at Châteaubriant and Bordeaux:

Ils ressusciteront vêtus de feu dans nos écoles
Arrachés aux bras de leurs enfants ils entendront
Avec la guerre, l'exil et la fausse parole
        D'autres enfants dire leurs noms

Alors ils renaîtront à la fin de ce calvaire
Malgré l'Octobre vert qui vit cent corps se plier
Aux côtés de la Jeanne au visage de fer
        Née de leur sang de fusillés.

Like the tract, these lines are a rallying-cry, a consoling affirmation of the age-old idea that dead martyrs will rise again, in the minds of the living. Like the tract, they invoke a legendary example, that of Joan of Arc, the French patriot *par excellence*. And they, too, use rhetorical repetition, with the three future tenses. Yet each of these devices is used quite differently in the poem, which differs fundamentally from the tract.

One of the simplest features of the poem is that most of the long lines have thirteen syllables, whereas traditional verse has twelve (see below, p. 34). The reader does not, of course, sit counting syllables as the poem is read, but to the French ear, familiar with traditional verse, the effect is inescapably one of a slightly clumsy imbalance, as if the speaker's emotion is so great that it cannot quite be fitted into an orthodox mould. The imbalance contrasts with the regular rhyme scheme, further drawing attention to this struggle to give words to the emotion. The reader is therefore made aware of the very processes of expression, which becomes part of what is expressed – a crucial difference between poem and tract. This theme is underlined by the reference to 'la fausse parole': the abuse of language by Vichy and the Germans contrasts with the use of language in the poem to create a new legend, the martyrs becoming a counter-myth to the myths fostered by Fascism. This process is explicit in the poem, whereas in the tract the parallel with the 1871 Commune is taken for granted. The very use made of rhymes, while straightforward, is a reminder that sound and meaning in language are interdependent. Having 'écoles' rhyme with 'parole' reinforces the theme that truth is language and legend, and so does the phonetic linking of the predictions of rebirth with the speaking of the martyrs' names, in 'ressusciteront ... entendront ... noms ... renaîtront'. These rhymes are emphasized rhythmically, because there is a pause after each one, and rhythm likewise plays a role in the revitalizing of the cliché 'calvaire' through its position in the rhyming chain 'guerre ... calvaire ... vert ... fer'. It is, however, 'l'Octobre vert' that does most of the work here. Earlier in the poem there is a reference to 'Octobre, quand la vendange est faite dans le sang': the unsurprising reference to autumn as a time of death, and the implied blood-red vine leaves and wine, contrast strongly with the surprising spring-like green October. In fact, the green is an allusion to the colour of the German army uniform. The dominant sound of 'guerre', 'calvaire' and 'vert' then culminates in 'fer', Jeanne's grim, iron countenance throwing into relief the intangible spirituality of this paradoxical birth. Because the last line is short and rhymes with 'plier', it points up the contrast between spiritual birth and the bodily finality of 'qui vit cent corps se plier' (instead of, say, 'cent hommes mourir'), while the internal rhyme of 'Née' and 'fusillés' heightens the contrast still further. The new Jeanne – that is, a revitalized and purified France – is born *as* the minds of schoolchildren.

More could be said about these eight lines, but this should be enough to show the difference between the poem and the tract: whereas the tract simply takes existing linguistic usages for granted, in an attempt to reinforce the political doctrine, the poem actually presents the episode of the executed hostages in part as a challenge to expression, and is a response to that challenge. Although this example makes more or less explicit reference to it, this aspect of poetry is more usually implicit, in the relatively obtrusive nature of the language. It does indeed seem to be a feature of good poetry that, whatever else it communicates, it also conveys the struggle against inarticulateness – a gasp of ecstasy or a groan of misery may be very heartfelt, but they are even less inadequate as communication than as expression.

Poetry, then, contrasts with the political tract in so far as the tract, however subversive, exploits existing linguistic usage. Virtually all non-poetic political discourse is linguistically conservative. Poetry is more completely subversive, but its political effects may be very indirect or long term. However, although political poetry does run the risk of confirming received ideas, it does not have to do so. Indeed, for many of the poets in this anthology, the basic political struggle was itself a struggle to defend language. Philosophically, this is because language is the essential means by which man grasps the world and himself. During the Occupation, this became clear in the simplest ways, in the pressure put on single words. This is what Seghers calls 'la fausse parole' in 'Octobre 41'. For example, in the official view, *liberté* meant freedom to join in the Fascist crusade against Bolshevism; and to derail a German ammunition train was to commit a terrorist crime against freedom. The words *France* and *patrie* meant one thing to Vichy, and another to those who refused to collaborate. This is the burden of Aragon's anonymous preface to *L'Honneur des poètes II. Europe*, which he begins by linking Resistance poetry with that of the apolitical Symbolist Mallarmé:

> De tout temps, ce fut la mission des poètes, comme l'un d'entre eux un jour l'a définie, que de
> *Donner un sens plus pur aux mots de la tribu.*
>   Il est bien que les poètes français aient su le faire, n'aient pas démissionné aux heures les plus sombres quand précisément le langage était détourné de son cours, les mots étaient dénaturés, pervertis par ces usurpateurs qui s'étaient emparés du vocable France lui-même . . . [2]

Jacques Gaucheron, in *La Poésie, la Résistance*, makes another simple, but vital point: at a time when the Germans seemed to have deprived the French people of practically everything, the French language itself was one of the most precious assets they had left: 'Parler français en présence d'Allemands qui ne comprennent rien est un plaisir . . . . Il suffit d'aller jusqu'au langage poétique, au point où ce qu'il y a de plus riche dans la langue n'est pas susceptible d'apprentissage, pour que l'expression poétique soit ressentie comme une parcelle de patrie' (p. 122). So while poetry may always be a form of resistance to the status quo, this became much more obvious through the circumstances of the Occupation than it often is in peacetime.

The relation between poetry and the circumstances in which it is written is the really important question raised by this poetry. The argument raged during and after the war, and has never died down. Many critics condemn war poetry as 'poetry of circumstance', and therefore ephemeral: comprehensible only to one part of one generation, it is not 'eternal', not real poetry. It is striking that this opinion was sometimes expressed even in some of the journals most actively opposed to collaboration.[3] 'Poetry of circumstance' used to mean simply poetry written to mark public events, like the Queen Mother's birthday, but, as used by these critics, the phrase means poetry which refers to social or political situations or events. 'Eternal'-poetry is about things like love or death or nature, which are supposed to be always and everywhere the same and to elicit feelings which are accessible to introspection.

The most spectacular recent variant of this emphasis on introspection had been Surrealism, the dominant poetic movement of the inter-war period. It is notable that one of the most violent attacks on the so-called Resistance poets, *Le Déshonneur des poètes*, was the work of that most Surrealist of Surrealists, Benjamin Péret. Surrealism was strongly influenced by Freud's theory of the unconscious. Its goal was total revolution, through each individual's liberation from social, moral, political and aesthetic constraints. This was to be achieved by releasing from the unconscious all suppressed desire. The most extreme 'literary' means of doing this was automatic writing, in which words and phrases were written down as they welled up into the mind, without being subjected to any criticism or sifting. In the best Surrealism, the practice was different from the theory, and the aim was after all social subversion. Even so, the private imagery and the fierce rejection of constraint, including party political loyalty, do very often make this poetry look as if it was written in an ivory tower, by and for members of a middle-class intellectual élite uncaring of 'circumstances'.

The poets in this anthology, then, to a considerable extent represent a 'lost' generation, squeezed out of the reckoning by a combination of the élitist self-trumpeting of Surrealism and a woolly-minded, but equally élitist, suspicion that war poetry is poetry of circumstance, and that poetry of circumstance may be too limited in scope, or too easy, or too obscure, to be worth studying. Certainly, most war poetry is bad poetry. But open any literary magazine or any collection of poetry, and you find that most poetry is bad poetry anyway. Indeed, given the circumstances of deprivation, uncertainty and fear, it is perhaps amazing that so much Second World

War French poetry should be so good. Clearly, the notion of 'circumstance' in this debate contains some confusion, which it is essential to disperse if the poetry is to be seen in anything like a just perspective.

As an example of a poem of circumstance in the traditional sense, here is Sir John Betjeman's poem for the Queen Mother on her eightieth birthday:

> We are your people
> Millions of us greet you
> On this your birthday
> Mother of our Queen.
> Waves of good will go
> Racing out to meet you
> You who in peace and war
> Our faithful friend have been.
> You who have known the sadness of bereavement
> The joyfulness of family jokes
> And times when trust is tried,
> Great was the day for our United Kingdoms
> And God bless the Duke of York
> Who chose you as his bride.[4]

If this is a poem at all, it must be as bad as any in English – not, however, because it is a poem of circumstance, but because it looks like something written to order, in deference to the social and linguistic status quo, with no emotional or intellectual involvement on the part of the writer: world and language are not questioned in terms of one another.

As poems of circumstances in the current sense, one could take any of the poems in this anthology which refer to the war. Now if you know nothing about the Queen Mother or the war, your understanding of these poems will be limited. But if you know nothing about birch trees, or have never been in love, a poem about a birch tree or a lover will mean little to you. Birch trees and lovers are circumstances, like German soldiers or public celebrations. Circumstances are things around one, and a poem about a birch tree or a lover is a poem of circumstance, since it is a response to an external stimulus. Further, a poem about a birch tree written in 1930 is as much an expression of the circumstances of peace as a poem written about an execution in 1942 is an expression of the circumstances of war; and both – like a poem about a birch tree written in 1942 – are as much expressions of the poet as they are of the circumstances. This is perhaps the reason why the question of poetry of circumstance has been so much discussed in the middle of the twentieth century: it is generally recognized that the mind only functions in response to things outside it, that feelings are not accessible to intro-spection, even the most intimate self-awareness only being possible in terms of things other than the self – that is, circumstances.

In this respect, it is noteworthy that some of the most politically committed poets in the anthology – for example, Aragon, Éluard or Masson – present the Occupation and intimate experience like sexual love in terms of one another. Indeed, it has to be said that the best Surrealist poetry of Breton (who does not figure in the anthology), Aragon, Desnos and Éluard implies this dialectic of circumstances and self. Éluard, in particular, was never a very orthodox Surrealist, because his poetry, however startling or frag-mentary the imagery may sometimes be, more often seems to explore the relation between sensation and imagination than to plunge into the unconscious. Breton, the leader of the movement, no doubt had his own reasons for writing virtually no war poetry and leaving France in 1941; but it is not altogether surprising that the others should have turned to a less private poetry, more accessible to ordinary people. Certainly, most of the poets of the 'lost' generation pursue self-knowledge not through introspection but through in-vestigating sensation – that is, the circumstances in which they experience emotion, whether this be love, or anger at oppression, or sorrow at the death of a comrade, or exultation on being released from captivity. One of the characteristics of the *renouveau poétique* of the war was that the poets wanted their work to be *à hauteur d'homme*, a term laughed at then and since by those who think that it simply means poetry which can be read widely, and that such poetry must be inferior. But poetry which is easy to approach does not have to be inferior. In any case, look at the poems in this anthology: some are immediately accessible, while others present an intellectual challenge; but they are all *poésie à hauteur d'homme*, because they express an emotional experience of the interdependence of self, language and circumstances, and do not ignore or deny this interdependence.

It is not, then, so much a question of whether the poet pays attention to circumstances or not, as of what circumstances are to the forefront of his emotional and intellectual attention at a given moment. In peacetime, the outside world changes relatively slowly, so the circumstances in terms of which a poet expresses his love may be little different from one generation to another. In the sunlit foliage of a tree, he may see his lover's hair, and a hundred years later we have little difficulty drawing analogies with our own experience of trees, sunshine and girls' hair. But the German Occupation changed the outside world drastically, so that even the most private feelings were likely to involve public affairs. With no food in the shops, with your best friends imprisoned or shot, with enemy soldiers and informers everywhere, you are as likely to be struck by the notices of executions pinned to the tree trunks as by the sunlight in the leaves. Poems like Desnos' 'Dans l'allée...' or Emmanuel's 'Cinq heures attachés...' are essentially neither more nor less poems of circumstance than Ronsard's 'Mignonne, allons voir si la rose...' or Baudelaire's 'Avec ses vêtements...'. True, if you do not know that there were twelve in a firing-squad, or that condemned *résistants* had been left tied to a stake before being shot, the Desnos and Emmanuel poems will be puzzling, just as Seghers' phrase 'Octobre vert' is puzzling if you do not know the colour of the German army uniform. But Ronsard's poem is odd if you do not know that sixteenth-century roses were as delicate and short-lived as dog-roses; Baudelaire's poem makes better sense if you know that dresses in the 1850s were ankle-length; and no matter how much you know about the Occupation, Ponge's 'Le platane' will mean little to you if you do not know what a plane tree is like.

An important corollary of this is that the reader's circumstances are as important to the meaning of a poem as the poet's. The reader of the 1980s, who has seen photographs taken from space showing the earth as a blue planet, is more likely than the reader of the 1930s to see Éluard's blue earth as an orange-shaped globe! But while it is true that the short-lived circumstances of the war make aspects of the war poetry obscure to us today, that does not in itself make it ephemeral, and is not a reason for not reading it. Ronsard and Baudelaire can be read with pleasure by those who know little about the linguistic and social conventions of the sixteenth and nineteenth centuries, but an annotated edition permits a different reading. Similarly, nearly all the poems in this anthology are accessible to a reader knowing nothing of the war, but the Introduction and Notes, changing the circumstances in which he reads the texts, will affect their meaning for him. Some of the best examples are the sonnets of Jean Cassou. These are fine poems in their own right, but their meaning may change when the reader learns that they were composed in prison; and when he then learns that Cassou made practically no intentional references to his imprisonment in these sonnets, their meaning may change again.

As may be clear by now, the criticism that this war poetry is poetry of circumstance usually hides a quite different criticism. Because so many poems of circumstance in the traditional sense are as bad as Betjeman's, it seems to be assumed that any poetry referring to social or political circumstances must also be written to order, and therefore 'committed', and therefore bad. By 'committed' poetry is meant poetry promoting a social or political cause, like the monarchy, or revolution, or liberation from Fascism. The mistake is to make an illogical series of assumptions: some war poetry is Resistance poetry, and some Resistance poetry is committed in this sense, so all Resistance poetry must be committed; so all war poetry must be committed. But the term 'Resistance poetry' is a vague one. Does it mean poetry about the Resistance, or poetry exhorting the reader to join the Resistance, or just poetry written by members of the Resistance? And while all poetry may be resistance, with a small 'r', half an hour's browsing in this anthology is enough to show that not all war poetry is Resistance poetry, with a capital 'R', in any of these three senses.

One has nevertheless to come to terms with the fact that there is no good poetry from the war years which was written by those with Fascist or *vichyste* sympathies. While poetry was being published in unprecedented quantities, the collaborationist weeklies and monthlies hardly ever printed poems, although they do abound in sarcastic references to the 'poètes-poètes' who have proliferated since 1940. One example of a poet who did find favour is Maurice Fombeure, of whose *À dos d'oiseau* M. Richard wrote, in *La Révolution nationale* for 19.12.42: 'Il y a plus de motifs d' espoirs français dans un livre comme celui-ci, plus de raisons d'optimisme que dans tous les discours des rhéteurs . . . Je retrouve, intactes, toutes les cordes de la voix de notre race dans celles de la lyre de Fombeure.' It is understandable that Fombeure's simple vignettes of a rustic life and homespun Christianity should have appealed to a *Vichyste* critic, when the parrot-cry was that poetry should once more be 'nationale et traditionnelle'; and it is true that Fombeure, in his preface to Bérimont's *Lyre à feu*, argued that poets should go on writing as if there were no war, on the grounds that poetry is a private affair and has nothing to do with politics. But the sympathies of both Fombeure and Bérimont were unambiguously with the Resistance. Similarly, one looks in vain for collaborationist poetry in the wartime *La Nouvelle Revue française*, the prestigious literary monthly, whose editor, from 1941, was the Fascist Pierre Drieu la Rochelle. A variety of poets published under Drieu at first, but so far from the review being fed by collaborationist poetry, it folded up in 1943 for lack of contributions of any kind.

Without thorough study, it would be rash to suggest why collaboration should have produced virtually no poetry, and resistance or 'indifference' so much. Certainly, poets like Aragon and Masson were hostile to 'indifferent' poetry (in the sense defined above, p. 11), on the grounds that anything that did not promote the Resistance cause was in effect inimical to it, but one is hard put to it to find anything like explicit collaborationist poetry. The only collaborator of any note who wrote poetry seems to have been Robert Brasillach, the Fascist editor, for most of the war, of the anti-Semitic weekly *Je suis partout*. Brasillach's poetry perhaps gives a clue as to why there should have been so little collaborationist poetry. He published a collection in 1944, entitled *Poèmes*, which consists of poems written both before and during the war. It therefore encompasses the experience of phoney war, defeat, imprisonment in a POW camp, repatriation to resume the crusade against Jewry, and triumphant collaboration. Yet the extraordinary thing is this: while the Fascist ideology made a cult of strength, virility and suppression of the weak, and while French collaborationists were committed to the energetic creation of an *Ordre nouveau* in Europe, Brasillach's poetry, pre-war and wartime alike, is uniformly elegant, unoriginal, elegiac and completely toothless, consistently giving off an atmosphere of nostalgia and resignation.

Brasillach was arrested after the Liberation, and kept in Fresnes gaol until his trial and execution for treason. The poetry he wrote in Fresnes is collected in *Poèmes de Fresnes*: these have the same tone as the others, with an occasional bleat that if the other side had won, things would have been different. Now, it is true that if the Germans had won the war, history would have been written differently: the 'crusade for civilisation against Bolshevism' would have been successful, and the 'Judeo-Communist terrorists' of the Resistance would have been brought to 'justice'. Nevertheless, the fact remains that the losers – even those imprisoned in Fresnes or in fear for their lives – would have left an inspiring corpus of resilient, life-affirming, even ebullient poetry (see the anthology), while all the winners could have offered would have been Brasillach's flabby threnodies. Given the shortage of space here, it would have been perverse to include a selection of Brasillach's work, when so many better poets have had to be left out; but the contrast between his poetry and that chosen here, together with its freak status as the only instance of remotely collaborationist poetry, is extremely interesting, and perhaps gives support to the idea that good poetry is by definition protest and resistance, and cannot thrive on resignation or acceptance of the status quo.

In this respect, the case of Aragon – who was in the Resistance – is also important evidence. Ever since 1940, Aragon has waged a campaign for a 'national' poetry, returning to traditional popular forms so that it would be accessible to everybody. However, while this poetry is in this sense retrograde, he has an allied concern which theoretically prevents it being conservative, as the 'national and traditional' poetry dear to Vichy was presumably supposed to be. As he wrote in the preface to *Les Yeux d'Elsa*, a *contrebande* volume published in 1942, 'il n'y a poésie qu'autant qu'il y a méditation sur le langage, et à chaque pas réinvention de ce langage'. Aragon's poetry is very uneven in quality; the selection in this anthology probably suggests that the more it subverts linguistic usage, the more successful it is: like all good poets, and unlike Brasillach, Aragon at his best denies or resists the world in its relation to language.

Whatever meaning one gives to the term 'Resistance poetry', and however illogical the assumption that it is 'committed' poetry or its confusion with war poetry, there is a further question: why should poetry not be politically committed, anyway? The answer to this question frequently contains another confusion, between hostility to propaganda poetry and hostility to the cause for which a given poem is thought to be propaganda.

There are senses in which all literature can be said to be

propaganda, and some propaganda has features which can also be found in poetry. But let us – for the sake of argument – use the generally accepted view of propaganda, and say that it attempts systematically to implant a political or social doctrine in people's minds. The tract quoted above is an example of propaganda. In so far as poetry is negation of the world in its relation to language, it is incompatible with propaganda, which depends on and reinforces political and linguistic clichés. However, as we have seen, different circumstances are likely to elicit different sorts of subject-matter in poetry. It would be surprising if, in the conditions of the Occupation, poetry hostile to Nazism had not moved some way along the spectrum of expression towards propaganda. For although the political situation was in some ways as complicated as it had been before the war, the really basic option was a simple one – whether to resist or not. Vichy repeatedly, and fruitlessly, called for political unity in the National Revolution – but it was the Resistance, a heterogeneous collection of beliefs, which for four years achieved the impossible, with Catholic and Communist, and many in between, united in a single struggle.

Political truth, then, was simple for the Resistance, which is why the Communist Aragon and the Catholic Emmanuel could both write poetry described as Resistance poetry. What lay behind much criticism of this 'commitment' was the fear that it was in fact a commitment to a Communist takeover after the war. Inevitably, many who had shared in the struggle against the Nazis and admired, say, Aragon's war poetry, were, after the Liberation – when circumstances changed and the struggle was a different one – unable to accept the principles typified in these lines from his 'Chanson du sixième hiver'.

Rien n'est tout à fait à sa place
Le cœur est encore en prison
Les enfants ont des mains de glace
Le toit n'est pas sur la maison

Rien n'est tout à fait à sa place
Le peuple ne commande pas.[5]

Aragon was not surprisingly constantly vilified in the col-
laborationist press because of his politics; others, like
Emmanuel, who were not Communists, were still given that
label. But if, for many people, war poetry was 'Communist
poetry', the most widespread criticism of it, certainly since
the war, and even at the time, has been that it is chauvinist
doggerel, a modern version of the revanchist patriotic songs
of Paul Déroulède (1846-1914).

The best way of judging this criticism is to look at an
example of Déroulède's work. Here is an excerpt from one
of his most famous poems, 'Le Clairon':

L'air est pur, la route est large,
Le Clairon sonne la charge,
Les Zouaves vont chantant
Et là-haut sur la colline,
Dans la forêt qui domine,
Le Prussien les attend.
(...)
À la première décharge,
Le Clairon sonnant la charge,
Tombe frappé sans recours;
Mais, par un effort suprême,
Menant le combat quand même
Le Clairon sonne toujours.
(...)
Puis, dans la forêt pressée,
Voyant la charge lancée,
Et les Zouaves bondir,
Alors le Clairon s'arrête
Sa dernière tâche est faite,
Il achève de mourir.[6]

Comparing this with the poems in the anthology will make it
easy to see how absurd the charge of chauvinism is. Cer-
tainly, France figures by name in many of the poems: French

heroes, the French Revolution, the French countryside, French culture, the French language, all are rallying-points for national pride. The concept of national pride is of course a hazy one, and can only mean anything in terms of the individual's experience of his relation to society. In the exceptional circumstances of invasion and occupation, many people's moral and political ideals, which are social ideals, not surprisingly crystallized round the brutal changes forced on their society by the invader. And, as we have seen, the phenomenon of collaboration meant that the meaning of the very word *France* was not as self-evident as it had been to people like Déroulède. The common cause in this war poetry was in fact not France, but Man. A Communist – to take one extreme – will think that man's best chance of moral regeneration lies in creating a socialist society. No wonder that French Communists, seeing the human degradation visited on the French by Fascism, concentrated their fight for a new humanity on France. A Catholic – to take the other extreme – may think that man's best chance of moral regeneration lies in a return to Christianity: French Catholics, too, however, concentrated their struggle on what they saw as a devilish ideology imposed on France by foreign military force. But, whether it was conceived politically or religiously, the moral regeneration was the end, and the patriotism the means. To use Sartre's term (see above, p. 9), all the poets in this volume, including those who invoke *la patrie*, are concerned to 'will' man, in full awareness that he cannot any longer be believed in or relied on, but has to be created, constantly, through his own efforts.

This view of man lays stress on circumstances: at any given moment a person is what he is in terms of the circumstances around him. It is no doubt in so far as it expresses this truth about human beings that the war poetry is 'eternal', even though the circumstances in which it was written have disappeared. Indeed, very often the universality has only become fully clear *because* the circumstances have changed. (This is something that has to be said in defence of those who, at the time, condemned this poetry as ephemeral: circumstances in the 1980s make it easier to see its 'eternal' quality than they did in the 1940s.) The various poems about Gabriel Péri are a good example (see Aragon's 'Ballade de celui qui chanta dans les supplices' and Notes). Péri was a Communist MP before the war. If you let this fact close your mind to the poems, because you are not a Communist, you throw the baby out with the bathwater. What makes each of these very different poems interesting is the theme of how the memory of a dead person plays an inspiring part in the present. This was as true when they were written as it is now: they are poems about the phenomenon of circumstance as much as they are 'poems of circumstance'. Because circumstances have changed since the Occupation, their impact will not be the same as it was then (although it may be as great), but that is an essential part of their themes. The same is true of Guillevic's 'Vercors' or Tardieu's 'Oradour', and it is as true of Auden's 'August 1968' or MacDiarmid's 'The skeleton of the future' as it is of Ronsard's 'Mignonne, allons voir...' or Agrippa d'Aubigné's 'Jugement', which was written in the early seventeenth century, and reprinted by Seghers in 1941 because of its contemporary relevance. We have not taken part in these conflicts or loved Marie, but we have been in love, remembered the dead, and hated tyranny in Chile and Kampuchea and Afghanistan and South Africa. The essence of the poems is not to tell us about the circumstances in which they were written, but, through expressing one person's passionate experience of it, to remind us about our relation to circumstance. As Éluard says in 'Faire vivre': 'Ceci est de tous les temps.'

BASIC FRENCH VERSIFICATION

Until about the middle of the nineteenth century, French poetry was written in verse, according to traditional patterns. Since then, while many poets have continued to use these forms, much poetry has been written in free verse or prose. All three kinds of writing are represented in this volume (although one of the features of Second World War poetry was a tendency to return to traditional forms). To react fully to any of them, it is essential to know the basic structures of traditional French verse. These are simpler than those of English, Latin or German verse, but so different from them that the English-speaking reader who is unfamiliar with the French tradition will miss much of the point of what he reads. There is, of course, a very great range of structures open to the poet using free verse or prose, but, particularly in the case of free verse, a knowledge of the orthodox forms enables the reader fully to appreciate how the poem differs from them and what this implies. This is often very important in poems written in a mixture of free and orthodox verse.

The brief account of French versification which follows is very far from complete. It simply introduces the English-speaking student to the essentials which will enable him to read the poems properly and understand them better. The most unfamiliar aspect of the question is rhythm, on which the discussion here concentrates. Some useful general works on French versification are included in the bibliography.

This introduction is based on three assumptions. First, poetry should be heard: this can be done either by reading it aloud, or, better, by murmuring it inwardly, hearing it in 'the mind's ear'. Second, no element or combination of elements of versification is enough in itself to turn verse into poetry. Whatever poetry is, it works through the interaction of every element in the text – semantic, syntactic, rhythmic and phonetic. Third, there is often more than one way of reading a line. The rhythmic readings given below are consistent with the context, but other readings (although not *any* reading) are often just as consistent – reading a poem is as individual an exercise as interpreting a piece of music.

I *The mute 'e'* [7]

1 The use made of the mute 'e' is the most important factor differentiating verse from prose in French. The mute 'e' is

an 'e' which is written but, in standard prose speech, either not sounded (as in *pipe, maire, voient, joue, travaillent*), or sounded very slightly (as in *le, relais*). In standard speech, the mute 'e' will very often not be sounded even in words like *petit*.

2 In the interior of a line of traditional verse, however, the mute 'e' must be sounded, and therefore counts as a syllable, *unless*:

(a) it is immediately preceded by an unstressed vowel. For example, *tu joueras* in a line of verse will be read *tu - jou - ras*, as in prose, having three syllables and not four.

(b) it is immediately followed by a vowel. For example, in a line of verse *elle est* will be read *ell - est*, as in prose, and have two syllables; but *elle voit* will be read *ell - e - voit*, and have three syllables. Naturally, *elle hait* has three syllables in verse, because of the aspirate 'h'.

3 Verb-endings sometimes present problems to English-speaking beginners. Here, the mute 'e' is not sounded if it immediately follows a stressed vowel: for example, *ils voient* and *il joue* have two syllables in verse, as in prose. But the mute 'e' is sounded, and counts as a syllable, if it immediately follows a pronounced consonant and is immediately followed by one. For example, *ils - tra - vai - llent - le - soir* has six syllables in verse, because the *e* of the verb-ending is trapped between the *ll* and *l* sounds. *Ils - tra - vai - llent - en - vain* also has six syllables in verse, because the final *t* of 'travaillent' is pronounced (an example of liaison with the following vowel, which is more strictly observed in verse than in prose), so that the mute 'e' of the verb-ending is trapped between the two consonant sounds of *ll* and *t*.

Note that, in such cases, the third-person plural ending *-ent* is not pronounced as a nasal (despite its spelling), but like any other mute 'e', as in *le, relais*, etc.

4 If a line of verse ends with a mute 'e', it does not traditionally count as a syllable, and is not sounded (unless it is impossible to avoid a minimal support vowel at the end of certain groups of consonants, as in *impossible*).

II *Rhythm*

1 Traditional French verse is different from English verse in that the basic unit of the line is the syllable, and not the foot or the stress. In this sense, it is misleading to speak, as many still do, of *metre* in traditional French verse: it is syllabic, and the rhythm can vary greatly within the framework of the fixed number of syllables.

2 The most common lengths of line in traditional verse are eight syllables (this line is called an *octosyllable*), ten syllables (*decasyllable*) and, commonest of all, twelve syllables (*alexandrine*). The octosyllable has long been a staple form in popular ballads, and Aragon in particular exploits it as one way of inserting his war poetry into the tradition of folk song, familiar and accessible. Other lengths of line are possible, even in traditional verse, but they are usually lines with an even number of syllables (*vers pairs*).

3 Rhythm is produced, as in prose, by the division into word-groups, constituted by the sense and ending with a main stress. The syllable on which the main stress falls is nearly always slightly longer than the others in the group, and after it there is often a pause. This can be very short, but it will always be perceptible in the context of the line. Where there is not a true pause after the main stress, as for example in *coupe enjambante* (see below), there is what I will call an 'apparent pause'. That is, the stressed syllable is lengthened and the delivery slowed (however slightly), but with little or no fall in pitch: the effect is equivalent to a pause, and very often sounds like one. These are not arbitrary rules which writers of verse are obliged to obey, but simply normal French practice in speech.[8]

4 Some specialists still refer to these groups as *pieds*, others as *mesures*. Both terms are misleading, the first because it implies metre, the second because in music it means a bar, and therefore implies a rigid system of beats and tempo. It

is safest to call them *breath-groups*, or just *groups*, if the context makes the meaning clear.

5 In the case of a line with an even number of syllables, there will be a tendency for the line to divide either into even groups, or into pairs of groups making an even unit. This is the case above all with the alexandrine, the staple line of traditional verse. The commonest division of the alexandrine is into groups of six. Where a line divides into two halves, each half is called a *hemistich*. Other combinations of groups are common in the alexandrine. These three lines from the first Cassou sonnet exemplify some of the most frequent divisions. Secondary stress is not indicated here, but is dealt with below. The sign [/] denotes a pause or apparent pause.

```
 1   2   3   4 5 6        7  8  9  10 11 12
Je suis perdu si haut / que l'on entend à peine (= 6/6)
```

```
 1     2     3   4     5       6    7 8    9 10      11
mon  sourd  appel /  comm(e) un  chiffon du ciel /  qui
 12
traîne. (= 4/6/2)
```

```
 1   2   3     4    5 6    7    8  9   10  11 12
Mais là-bas, / clair pays / d'où montent les matins ... (=
3/3/6)
```

6 Since French verse is not metric, but syllabic, there is no reason why the group should necessarily be of 2, 3, 4 or 6 syllables. The relative balance of such groups is easily disrupted, as in this line from Emmanuel's 'Soir de l'homme':

```
 1    2   3      4  5   6 7 8      9   10 11 12
la Nuit nue, / pâmée de lueurs, / la Nuit nubile...   (=
3/5/4)
```

7 A potent factor in the creation of rhythm is the mute 'e'. French is different from English in that the main stress of a group is always on the last syllable. As a result, in verse, if it is followed by a sounded mute 'e', the mute 'e' is in fact

heard as the first syllable of the next group. This is known as a *coupe enjambante*, because the word sits astride the apparent pause. This extract from Emmanuel's 'Soir de l'homme' illustrates it well:

```
1   2   3   4    5   67  8 9     10 11 12
il n'en ti / re qu'un cri effrayant d'espérance (= 3/9, or
3/6/3)
   1  2  3  4   5  6   7  8    9 10 11 12
dont la hauteur insupporta / ble fait gémir (= 8/4)
 1 23   4 5 6 7   8    9  10  11 12
l'infinie dureté des voû / tes, et déchire .. (= 8/4)
```

Such is the reluctance to end a group with an unstressed syllable, that in verse, even where a sentence ends with a sounded mute 'e', this is often incorporated into the beginning of the following group:

```
 1 2    3   4    5 6    7   8     9   10 11 12
Silen / ce? nous savons pourtant / les mots de passe ...
(= 2/6/4)
```

(Desnos, 'La cascade')

In such cases, however, readers who feel that the sense demands a marked pause may well decide not to incorporate the mute 'e' into the following group. Then, the phrase ending with the sounded mute 'e' being peculiar, the effect is still to draw attention to it, and usually also to create suspense, throwing into relief the start of the next phrase.

These examples illustrate the all-important effect of the *coupe enjambante*, and indeed of the mute 'e' in general. The mute 'e' has to be pronounced in verse, but this is so foreign to everyday speech habits that it would sound grotesque if given undue prominence. The consequence is that a good French speaker of verse gives it minimal stress and instinctively stresses and lengthens the immediately preceding syllable (except where this would bring an un-

important word into grotesque prominence, as for example
with the feminine indefinite article). In the Desnos ex-
ample, the second syllable of 'Silence' is emphasized
slightly more than it would be in prose, which helps to
bring out the contrast between 'Silence' and 'mots'. Or
take the second example from Emmanuel. If the first line
were read as prose, it might read like this:

il n'en tir(e) qu'un cri effrayant d'espérance (= 11)

(or perhaps with a slight pause after 'effrayant'). This is
largely because the construction '*ne* tire *que*' (as opposed
to, say, 'ne fait que tirer') implies that the notion of 'tirer'
has already been mentioned, or is presupposed in the
context: the word will therefore tend to be glossed over, as
the speaker takes 'tire' for granted and hurries on to the
real focus of interest, namely *what* is elicited – the 'cri'.
This would still be the case if, as is possible, the prose
reader were slightly to stress 'tire'. In verse, however, the
mute 'e' of 'tire' must be pronounced, and the first syllable
of the word is therefore stressed and lengthened. The
coupe enjambante is almost inevitable, because the object
of the verb is so long. There are two consequences. First,
the reader's attention is drawn to the action of 'tirer',
instead of its being taken for granted, so that the emphasis
falls on 'physically dragging something out of someone' by
torture, instead of more abstractly 'eliciting a response'.
Second, the pause creates suspense – *what* is dragged out?
The long second group of the line is then a release of
tension after the short first one, perhaps analogous to the
scream which the tortured person can no longer hold back.

This analysis is oversimplified, because of lack of space,
but it should be clear that, read as verse, the line is much
richer in ideas and emotions than if it is read as prose – all
because of Emmanuel's exploitation of the mute 'e'. Similar
remarks can be made about any good poetry written in verse:
the good poet does not submit resentfully to the rules con-
cerning the mute 'e', but turns them to expressive account.

8 There is, of course, very often more than one stress in a group. In addition to the main stress, on the last syllable of the group, there can be *secondary stresses*. There is no pause or apparent pause after a secondary stress. It is a great mistake, in describing French rhythm, to ignore the secondary stresses, because it is usually these that confirm or disrupt the evenness of a line. Here is a reading of the Desnos example, together with a simple numerical notation of the stresses:

> Silēn / ce? nous savōns pourtānt / les mōts de pāsse
> ... (= 2/4+2/2+2)

The sign [−] denotes a stressed syllable. In the numerical notation, each digit represents a group ending with a stressed syllable; a group coming immediately before a [+] is one ending with a secondary stress (with no pause or apparent pause after it); and a group coming immediately before a [/] is one ending with a main stress (followed by a pause or apparent pause). Compared with the readings obtained from speech-analysis in the laboratory, this notation is primitive: there are in fact many degrees of stress in any line, while speed of delivery and length of pause vary all the time. Nevertheless, as long as the reader remembers this, and that the digits are not equivalent to beats in a bar of music, this simple notation is adequate for indicating one's reading of a line in the discussion of rhythm.

In the example from Desnos, the stress on 'mots' arises naturally in the context, for two reasons. First, 'Silence' stands out because the *coupe enjambante* reinforces its isolation at the beginning of the line. Second, the central theme in the poem emerges in this line as the conflict between resigned silence and protest. If, on the other hand, the phrase 'mots de passe' had just been used, say in the previous line, then it would be taken for granted as the subject of discussion, and there would probably be no stress on 'mots'.

To help the student form some idea of the functions of

stress patterns, here is a reading of the examples from Cassou and Emmanuel:

Je suis perdū si hāut / que l'on entēnd à pēine   (= 4+2/4+2)
mon sōurd appēl / comme un chiffōn du ciēl / qui trāîne.   (= 2+2/4+2/2)
Mais là-bās, /clāir paȳs / d'où mōntent les matīns ...   (= 3/1+2/2+4)

In this example, it is really the secondary stresses which set up the balance. This combines with the mountain-top imagery to create an almost serene impression of remoteness. The disruption in the third line ('clair pays', with a stress falling on the first syllable of the group), emphasizes the notion of a distant, clear dawn, because the phrase is rhythmically exceptional:

la Nuīt nūe, / pâmēe de luēurs, / la Nuīt nubīle ...   (= 2+1/2+3/2+2)

Here, the dislocation of the alexandrine is taken further through the secondary stresses, which help to build up the atmosphere of agitation. Many readers might not stress the second 'Nuit', taking it for granted because it has just been mentioned: it is a question of judging from the context, as well as from punctuation and mute 'e', what tone is most suitable. In this case, both readings would be legitimate, depending on how the surrounding lines were read. In the reading given here, the pace is slower, and perhaps more grandiose, because of the extra stress.

il n'en tī/re qu'un crī effrayānt d'espérānce   (= 3/3+3+3)
dont la hautēur insupportā/ble fait gémīr   (= 4+4/4)
l'īnfinīe duretē des vōû/tes, et déchīre...   (= 1+2+3+2/4)

Again, the secondary stresses, and not just the overall division round the pauses and apparent pauses, are crucial in creating tensions and contrasts. In the first two lines, the unusual basic divisions of 3/9 and 8/4 are unbalanced, but the secondary stresses introduce a balance within the unbalance. The tension between these two factors helps to create the impression of spontaneity in the rhetoric, as the breath-groups flow and ebb, accelerate and decelerate. This impression is heightened in the third line, because, in its greater dislocation, it contrasts with the barely achieved control in the lines which lead up to it. I have stressed the first syllable of 'infinie' because the note of emphatic agitation seems suitable; similarly one might well read 'déchīre' instead of 'déchīre', because the word is so violent and the context is one of agitation: having two stresses next to one another would be entirely appropriate, precisely because it is exceptional.

As all these examples make clear, it must be remembered that the context is all-important. These lines have been taken in isolation, as examples, because there is not space to analyse a whole poem: but one's judgment of how to speak a text depends on the semantics and imagery of the whole, and on one's own taste, as well as on the technicalities of versification.

9 When a phrase which would normally be spoken as a single group begins in one line and ends in the next, this is known as *enjambement*, because the phrase sits astride the division between the lines. *Enjambement* is a simple way of drawing attention to ideas which might otherwise pass little noticed. Here is an example from Emmanuel's 'Soir de l'homme':

> ... le Trépied sinistre éclaire des machines
> humaines, inventées pour des cris inouïs

The phrase 'machines humaines' is a unit. The slight pause and suspense after 'machines' throws into relief 'humaines' (which in this case is further emphasized by the *coupe enjambante* following it). In the context, the effect is to bring home to the reader that the evil of torture is inflicted on man and God by man himself, and that the remedy lies in human action and not in a spineless hope that God will do something about it.

10 Because traditional versification is so well established, poets who know what they are doing can use the very fact of departing from it to good effect. Simply using lines with an uneven number of syllables (*vers impairs*) can create a variety of effects, through the inevitable rhythmic imbalance (see for example the extract from Seghers' 'Octobre 41' above, p. 16). The tone of Éluard's 'Faire vivre' is dramatically transformed at the end because, along with the thematic change, he introduces *vers impairs* which contrast with the alexandrines and octosyllables of which the rest of the poem mostly consists.

Nevertheless, with so much poetry being written in free verse or prose, it is often hard to know just how to read it. The simple notation of rhythm suggested above is applicable to any piece of language, although in prose there will not normally be any question of sounding the mute 'e' where this can be avoided; but a lot of prose poetry uses rhythms subtly and effectively, and the reader must be alert to these. In free verse, the reader has to let each poem dictate the conventions according to which it is to be read. Often, it will be found that sounding the mute 'e', and sometimes suppressing it where it serves no expressive purpose, turns what looks like free verse into a set of *vers pairs* of varying lengths. In poems like Scheler's 'L' extrême limite' or Masson's 'Poème pour Paula', where the lines are often so long as to be more like biblical *versets*, it is best to read them as prose, but to sound the mute 'e' where this sustains the rhythmic drive (particularly important in Masson).

III *Rhyme*

1 There is no significant tradition of blank verse in French. Unrhymed free verse is now common. Where free verse does contain rhymes, or where a poem is written in tradi-

tional verse, but rhymes either not at all or intermittently, the tension between the contradictory impressions of form and formlessness can be exploited to good effect. The same thing can be done in regular rhyming verse, if the lines are rhythmically dislocated and subject to *enjambement*, or if it contains words within lines having the same sound as rhyme words. Rhyme has traditionally had other functions as well—thematic (in drawing attention to important ideas), incantatory, rhetorical, ironic. All these functions are well illustrated in the anthology, and so is another important one, the mnemonic function. Rhyming orthodox verse implants itself into the memory much more easily than blank or free verse, or prose, and it is easier to transmit orally. It also, of course, makes composition easier in circumstances like those of Cassou, who had no writing materials in his prison cell.

2   The essential requirement for rhyme is that in two or more words the last stressed vowel, and any sounds which follow it, should be the same.

3   For most purposes, it is enough to distinguish the three basic degrees of rhyme:

(a) *rime faible* (or *pauvre* or *insuffisante*). Only the stressed vowel sound rhymes: enf*ant* / t*ant*; rev*ue* / sal*ue*.

(b) *rime suffisante*. The last two sounds are identical (vowel + consonant, or consonant + vowel): chev*al* / ég*al*; bon*té* / chari*té*.

(c) *rime riche*. The last three (or more) sounds are identical: che*val* / ri*val*; / to*rdu* / pè*rdu*; ve*rve* / se*rve*; N*oé* / Arsin*oé*; m*arine* / n*arine*.

4   It is often convenient to label the combinations of rhyme:

(a) *rimes plates*: aa / bb / cc etc.

(b) *rimes croisées*: abab / cdcd etc.

(c) *rimes embrassées*: abba / cddc etc.

(d) *rimes redoublées*: where there are more than two lines with the same rhyme, for example in a five-line stanza with the structure abbab, etc.

(e) *rimes mêlées*: where there is no particular order.

5 These categories can be useful in describing with precision an effect involving rhyme. But, like the notation of rhythm, they do not in themselves say anything about the effect, so it is never enough simply to indicate the rhyme-scheme and say how many *rimes suffisantes* there are. Like rhythm, rhyme has its effect in terms of all the other elements in the poem, above all in terms of the sense of the words.

IV *Punctuation*

Punctuation is not traditionally part of versification, but many modern French poets omit it for prosodic reasons. Some of the poetry in this anthology is unpunctuated, and the English-speaking reader coming to it for the first time is liable to be taken aback. A few explanatory words should help such readers to come to terms with the conventions.

The main reason for leaving punctuation out is that orthodox punctuation often imposes a reflective, rational reading, and represents a coherence introduced into the experience by the writer after the event. Many modern poets are concerned to convey an impression of spontaneity, the experience having its own coherence which is not necessarily that of rational reflection. Not surprisingly, the Surrealists tended not to punctuate their poems, the lines corresponding to successive surges of mental activity; within each line, and especially between lines, there may then be ambiguities which punctuation would disperse, but which are actually essential to the meaning of the poem. This ambiguity can, of course, also be achieved through punctuation, but it is nonetheless often put forward as an important reason for leaving poems unpunctuated. Another kind of spontaneity which poets try to achieve by omitting punctuation is that of speech, which is usually betrayed by grammatically correct punctuation.

Once standard practice is jettisoned like this, different poets operate different conventions. Aragon, for example, (who discusses the whole question in *Entretiens avec Francis*

Crémieux, pp. 145-51), retains capital letters in mid-line when a new sentence begins, even though there is no full stop, whereas Marcenac, whose poetry is intended to be very close to speech, uses capitals to mark any pause, even those traditionally marked by commas or dashes. It must unfortunately be said that, given the possibility of this licence, many poets seem uncertain as to how to use it. Looking at the successive editions of poems by Frénaud, Masson and Seghers – to take just three examples out of many – one often finds hesitation in the use of punctuation. This means that one cannot, as is possible with a poem punctuated in the orthodox way, trust the punctuation as a guide to reading the text. This uncertainty is compounded in free verse, since there is not even the mute 'e' to guide the reader. There will, then, often be several options open to the reader, even where the poet does not intend this. The answer is to experiment until finding the reading most consistent with what seem to be the complexities and priorities of the text. The reader should, however, as with traditional verse, be ready to mark a slight pause at the end of each line, even in cases of *enjambement*. For many poets – notably, in this volume, Guillevic – the blanks after lines and between groups of lines are a vital part of the poem, which is deformed if the reader ignores them.

Sparse or non-existent punctuation can be disconcerting at first, but one soon learns to cope with it. One thing to remember is that it does not simply mean, as many students are apt to assume when they first encounter it, that the poem 'goes with a smooth flow'. Usually, the opposite is the case, the text moving with the unevenness of ordinary speech – read any page from this Introduction, and you will see that grammatically punctuated prose, carefully worked out on paper, is smooth and coherent in a way that ordinary speech (as distinct from reading aloud) never is. For those who may feel hesistant about tackling unpunctuated poetry, one of Aragon's poems, 'Ballade de celui qui chanta dans les supplices', has been printed here in its punctuated form, for comparison with his other, unpunctuated, poetry.

NOTES TO INTRODUCTION

1   The tract is reproduced in Guérin, A. *La Résistance*. Paris, Livre Club Diderot, 5 vols. (1973-76), vol. I, p. 326.

2   Quoted in Seghers, P. *La Résistance et ses poètes*, pp. 326-7.

3   See e.g. Henri Hell's 'Examen des revues' in *Fontaine*, 24 (1942), pp. 486-8.

4   Printed in *The Times*, 4.8.80, p. 2.

5   In *Les Lettres françaises*, 17.2.45, p. 3. Reprinted in *Le Musée Grévin*. *Les Poissons noirs et quelques poèmes inédits*.

6   Quoted from Dillaz, S. *La Chanson française de contestation*. Paris, Seghers, 1973, pp. 124-5.

7   In order to keep the essential argument clear, I have not used the phonetic alphabet, nor strictly observed French syllabification here.

8   For my part, I am happy to call such a pause or apparent pause a caesura, and consequently to accept that there may be more than one caesura in a line, and that, especially in the modern alexandrine, there may not be a medial caesura. But those who hold that scansion and reading are different activities would disagree—see e.g. Scott, C. *French verse-art*. Cambridge University Press, 1980, pp. 28-37, 61-74, my review article, 'The Stresses and Strains of French Verse', *Forum for Modern Language Studies*, XVII, 4 (October 1981), pp. 361-72, and Scott's reply in ibid., XVII, 1 (January 1982), pp. 90-2. Entering into this controversy here would pointlessly confuse the issue: my aim is to help the English-speaking student to do full justice to a poem in verse by *reading* it as sensitively as possible.

INTRODUCTORY BIBLIOGRAPHY

The place of publication is Paris, unless otherwise stated.

HISTORICAL BACKGROUND

Amouroux, H., *La Vie des Français sous l'Occupation* (2 vols), Le Livre de Poche, 1971.

Azéma, J.-P., *De Munich à la Libération, 1938-1944*, Seuil, 1979.

Bellanger, C., *La Presse clandestine, 1940-1944*, Colin, 1961.

Cobban, A., *A History of Modern France, III*, Harmondsworth, Penguin, 1965.

Cotta, M., *La Collaboration, 1940-1944*, Colin, 1965.

Michel, H., *Histoire de la Résistance en France*, P.U.F., 1972.

Ory, P., *Les Collaborateurs, 1940-1945*, Seuil, 1977.

Paxton, R.O., *Vichy France. Old Guard and New Order, 1940-1944*, London, Barrie & Jenkins, 1972.

Taylor, A.J.P., *The Second World War*, London, Hamish Hamilton, 1975.

GENERAL

Apollinaire, G., *Calligrammes*, Gallimard (coll. 'Poésie'), 1966.

Auden, W.H., *Selected Poems*, ed. E. Mendelson, London, Faber, 1979.

D'Aubigné, A., *Les Tragiques*, ed. I.D. McFarlane, London, Athlone Press, 1970.

Baudelaire, C., *Curiosités esthétiques. L'Art romantique*, ed. H. Lemaître, Garnier, 1962.

Baudelaire, C., *Les Fleurs du mal*, ed. A. Adam, Garnier, 1961.

Brasillach, R., *Poèmes*, Éditions Balzac, 1944.

Brasillach, R., *Poèmes de Fresnes*, Les Sept couleurs, 1949.

Deloffre, F., *Le Vers français*, Société d'édition d'enseignement supérieur, 1969.

Dillaz, S., *La Chanson française de contestation*, Seghers, 1973.

Fombeure, M., *À dos d'oiseau*, Gallimard (coll. 'Poésie'), 1969.

Fouchet, M.-P., 'Les Poètes de la revue *Fontaine*', special issue of *Poésie 1*, nos. 55-61 (septembre-novembre 1978).

Gaucheron, J., *La Poésie, la Résistance*, Les Éditeurs français réunis, 1979.

Grammont, M., *Petit traité de versification française*, A. Colin, 1965.

Keyes, S., *Collected Poems*, London, Routledge & Kegan Paul, 1945.

Leakey, F.W., *Sound and Sense in French Poetry*, Bedford College, University of London, 1975.

MacDiarmid, H., *The Socialist Poems of Hugh MacDiarmid*, ed. T.S. Law and T. Berwick, London, Routledge & Kegan Paul, 1978.

Matvejevitch, P., *Pour une poétique de l'événement*, 10 . 18, 1979.

Owen, W., *Collected Poems*, ed. C. Day Lewis, Chatto & Windus, 1963.

Péret, B., *Le Déshonneur des poètes*, pref. J. Schuster, Pauvert, 1965.

'La Poésie et la Résistance', special issue of *Europe*, nos. 543-4 (juillet-août 1974).

Pouzol, H., *La Poésie concentrationnaire*, Seghers, 1975.

Ronsard, P. de., *Poems of Love*, ed. G. Castor and T. Cave, Manchester University Press, 1975.

Rostand, E., *Le Vol de la Marseillaise*, Charpentier et Fasquelle, 1919.

Sartre, J.-P., *Situations, I*, Gallimard, 1947.

Sartre, J.-P., *Situations, II*, Gallimard, 1948.

Sassoon, S., *Collected Poems, 1908-56*, London, Faber, 1961.

Seghers, P., *La Résistance et ses poètes*, Seghers, 1974.

POETS IN THE ANTHOLOGY

This list is confined to the editions used, to other war poetry or works directly relevant to it, and to introductory critical works on the poets.

Aragon, L., *Aragon parle avec Dominique Auban*, Seghers, 1968.

Aragon, L., *Brocéliande*, Neuchâtel, La Baconnière, 1942.

Aragon, L., *Le Crève-cœur*, Gallimard, 1946.

Aragon, L., *La Diane française*, Seghers, 1965.

Aragon, L., *En Français dans le texte*, Neuchâtel, Ides et Calendes, 1943.

Aragon, L., *Entretiens avec Francis Crémieux*, Gallimard, 1964.

Aragon, L., *L'Homme communiste*, Gallimard, 1946.

Aragon, L., *Le Musée Grévin. Les Poissons noirs et quelques poèmes inédits*, Minuit, 1946.

Aragon, L., *Le Nouveau crève-cœur*, Gallimard, 1948.

Aragon, L., *Les Yeux d'Elsa*, Seghers, 1968.

Sadoul, G., *Aragon*, Seghers, 1967.

Bérimont, L., *La Huche à pain*, 'Les amis de Rochefort', 1943.

Bérimont, L., *Lyre à feu*, Debresse, 1943.

Chaulot, P., *Luc Bérimont*, Seghers, 1966.

Borne, A., *Contre-feu*, Neuchâtel, La Baconnière, 1942.

Borne, A., *Neige et 20 poèmes*, Les Angles (Gard), Seghers, 1941.

Borne, A., *Terre de l'été*, Laffont, 1945.

Vincensini, P., *Alain Borne*, Seghers, 1974.

Cassou, J., *Œuvre lyrique / Das Lyrische Werk*, ed. H. Weder (2 vols), St Gallen, Erker-Verlag, 1971.

Georgel, P., *Jean Cassou*, Seghers, 1967.

Cayrol, J., *Miroir de la Rédemption*, précédé de *Et nunc*, Neuchâtel, La Baconnière, 1944.

Cayrol, J., *Poèmes de la nuit et du brouillard*, Seghers, 1946.

Cayrol, J., La vie *répond*, G.L.M., 1948.

Oster, D., *Jean Cayrol*, Seghers, 1973.

Char, R., *Arrière-histoire du Poème pulvérisé*, Jean Hugues, 1972.

Char, R., *Fureur et mystère*, Gallimard (coll. 'Poésie'), 1967.

Char, R., *Recherche de la base et du sommet*, Gallimard (coll. 'Poésie'), 1971.

Caws, M.A., *The Presence of René Char*, Princeton, N.J., Princeton University Press, 1976.

Mounin, G., *La Communication poétique*, précédé de *Avez-vous lu Char?*, Gallimard, 1969.

Desnos, R., *Calixto*, suivi de *Contrée*, Gallimard, 1962.

Desnos, R., *Domaine arbitraire*, Gallimard (coll. 'Poésie'), 1975.

Dumas, M.-C., *Robert Desnos ou l'exploration des limites*, Klincksieck, 1980.

Éluard, P., *Œuvres complètes*, ed. L. Scheler (2 vols), Gallimard, 1968.

Jean, R., *Paul Éluard par lui-même*, Seuil, 1968.

Emmanuel, P., *Autobiographies*, Seuil, 1970.

Emmanuel, P., *Chansons du dé à coudre* (contains the *XX Cantos*), Seuil, 1971.

Emmanuel, P., *Combats avec tes défenseurs*, suivi de *La Liberté guide nos pas*, Seghers, 1969.

Emmanuel, P., *Jour de Colère*, Alger, Charlot, 1942.

Emmanuel, P., *Poésie Raison ardente*, L.U.F. and Egloff, 1948.

Emmanuel, P., *Tristesse ô ma patrie*, Fontaine, 1946.

Siegrist, S.E., *Pour et contre Dieu. Pierre Emmanuel ou la poésie de l'approche*, Neuchâtel, La Baconnière, 1971.

Frénaud, A., *Notre inhabileté fatale. Entretiens avec Bernard Pingaud*, Gallimard, 1979.

Frénaud, A., *Les Rois mages*, Gallimard, 1977.

Frénaud, A., *La Sainte face*, Gallimard, 1968.

Clancier, G.-E., *André Frénaud*, Seghers, 1963.

Guillevic, E., *Terraqué*, suivi de *Exécutoire*, Gallimard (coll. 'Poésie'), 1968.

Guillevic, E., *31 Sonnets*, Gallimard, 1954.

Guillevic, E., *Vivre en poésie*, Stock, 1980.

Tortel, J., *Guillevic*, fifth edn., Seghers, 1978.

Jouve, P.J., *Défense et illustration*, Neuchâtel, Ides et Calendes, 1943.

Jouve, P.J., *En miroir. Journal sans date*, Mercure de France, 1954.

Jouve, P.J., *Poésie* (4 vols), Mercure de France, 1964-67.

Callander, M., *The Poetry of Pierre Jean Jouve*, Manchester University Press, 1965.

Micha, R., *Pierre Jean Jouve*, nouvelle édition revue et augmentée, Seghers, 1971.

Marcenac, J., *Le Cavalier de coupe*, Gallimard, 1945.

Marcenac, J., *Le Ciel des fusillés*, Bordas, 1945.

Marcenac, J., 'Sur la trace de l'oiseau chantant' (interview with Ch. Haroche), *France Nouvelle*, no. 1777 (1-7 décembre 1979), pp. 41-50.

Masson, L., *Chroniques de la grande nuit*, Neuchâtel, Ides et Calendes, 1943.

Masson, L., *Délivrez-nous du mal*, Seghers, 1945.

Masson, L., *La Lumière naît le mercredi*, Seghers, 1945.

Masson, L., *Poèmes d'ici*, Neuchâtel, La Baconnière, 1943.

Moulin, C., *Loys Masson*, Seghers, 1962.

Ponge, F., *Lyres*, Gallimard (coll. 'Poésie'), 1980.

Ponge, F., *Méthodes*, Gallimard (coll. 'Idées'), 1971.

Ponge, F., *Pièces*, Gallimard (coll. 'Poésie'), 1971.

Ponge, F., *Le Savon*, Gallimard, 1968.

Ponge, F., *Tome premier* (contains 'Pages bis' and *La Rage de l'expression*), Gallimard, 1965.

Higgins, I., *Francis Ponge*, London, Athlone Press, 1979.

Reverdy, P., *Main d'œuvre* (contains *Sources du vent* and *Le Chant des morts*), Mercure de France, 1964.

Greene, R.W., 'Pierre Reverdy', in *Six French Poets of our Time*, Princeton University Press, 1979, pp. 23-58.

Scheler, L., *La Lampe tempête*, Minuit, 1946.

Scheler, L., *Rémanences*, Les Éditeurs français réunis, 1973.

Seghers, P., *Le Temps des merveilles*, Seghers, 1978.

Seghers, P., *Pierre Seghers par l'auteur*, Seghers, 1973.

Tardieu, J., *Le Fleuve caché* (contains *Le Témoin invisible*, Gallimard (coll. 'Poésie'), 1968.

Tardieu, J., *Jours pétrifiés*, Gallimard, 1948.

Tardieu, J., *Les portes de toile*, Gallimard, 1969.

Kinds, E., *Jean Tardieu ou l'énigme d'exister*, Éditions de l'Université de Bruxelles, 1973.

Verdet, A., *Les jours, les nuits et puis l'aurore*, F.N.D.I.R.P., 1949.

Verdet, A., *La nuit n'est pas la nuit*, Le Pré aux clercs, 1948.

Verdet, A., *Poèmes de l'inquiet souvenir*, Seghers, 1950.

ANTHOLOGY OF SECOND WORLD WAR FRENCH POETRY

Ceci est de tous les temps

LOUIS ARAGON

Tapisserie de la grande peur

Le paysage enfant de la terreur moderne
A des poissons volants sirènes poissons-scies
Qu'écrit-il blanc sur bleu dans le ciel celui-ci
Hydre-oiseau qui fait songer à l'hydre de Lerne
Écumeur de la terre oiseau-pierre qui coud   5
L'air aux maisons oiseau strident oiseau-comète
Et la géante guêpe acrobate allumette
Qui met aux murs flambants des bouquets de coucous
Ou si ce sont des vols de flamants qui rougissent
Ô carrousel flamand de l'antique sabbat   10
Sur un manche à balai le Messerschmidt s'abat
C'est la nuit en plein jour du nouveau Walpurgis
Apocalypse époque Espace où la peur passe
Avec son grand transport de pleurs et de pâleurs
Reconnais-tu les champs la ville et les rapaces   15
Le clocher qui plus jamais ne sonnera l'heure
Les chariots bariolés de literies
Un ours Un châle Un mort comme un soulier perdu
Les deux mains prises dans son ventre Une pendule
Les troupeaux échappés les charognes les cris   20
Des bronzes d'art à terre Où dormez-vous ce soir
Et des enfants juchés sur des marcheurs étranges
Des gens qui vont on ne sait où tout l'or des granges
Aux cheveux Les fossés où l'effroi vient s'asseoir
L'agonisant que l'on transporte et qui réclame   25
Une tisane et qui se plaint parce qu'il sue
Sa robe de bal sur le bras une bossue
La cage du serin qui traversa les flammes
Une machine à coudre Un vieillard C'est trop lourd
Encore un pas Je vais mourir va-t'en Marie   30
La beauté des soirs tombe et son aile marie
À ce Breughel d'Enfer un Breughel de Velours

Les lilas et les roses

Ô mois des floraisons mois des métamorphoses
Mai qui fut sans nuage et Juin poignardé
Je n'oublierai jamais les lilas ni les roses
Ni ceux que le printemps dans ses plis a gardés

Je n'oublierai jamais l'illusion tragique   5
Le cortège les cris la foule et le soleil
Les chars chargés d'amour les dons de la Belgique
L'air qui tremble et la route à ce bourdon d'abeilles
Le triomphe imprudent qui prime la querelle
Le sang que préfigure en carmin le baiser   10
Et ceux qui vont mourir debout dans les tourelles
Entourés de lilas par un peuple grisé

Je n'oublierai jamais les jardins de la France
Semblables aux missels des siècles disparus
Ni le trouble des soirs l'énigme du silence   15
Les roses tout le long du chemin parcouru
Le démenti des fleurs au vent de la panique
Aux soldats qui passaient sur l'aile de la peur
Aux vélos délirants aux canons ironiques
Au pitoyable accoutrement des faux campeurs   20

Mais je ne sais pourquoi ce tourbillon d'images
Me ramène toujours au même point d'arrêt
À Sainte-Marthe Un général De noirs ramages
Une villa normande au bord de la forêt
Tout se tait L'ennemi dans l'ombre se repose   25
On nous a dit ce soir que Paris s'est rendu
Je n'oublierai jamais les lilas ni les roses
Et ni les deux amours que nous avons perdus

Bouquets du premier jour lilas lilas des Flandres
Douceur de l'ombre dont la mort farde les joues   30
Et vous bouquets de la retraite roses tendres
Couleur de l'incendie au loin roses d'Anjou

Pour un chant national

    Alain vous que tient en haleine
    Neige qu'on voit en plein mois d'août
    Neige qui naît je ne sais d'où
    Comme aux moutons frise la laine
    Et le jet d'eau sur la baleine   5

Vous me faites penser à ce poète qui s'appelait
Betrand de Born presque comme vous

    Alain Borne un pays sans borne
    Ressemble à votre poésie
    Où des demoiselles choisies   10
    Comme au beau temps de l'unicorne
    Attendent un Bertrand de Born

Qui leur chante les raisons de vivre et d'aimer
les raisons d'aimer et d'en mourir songez-y

    Bertrand mieux que Chéhérazade   15
    Savait faire passer le temps
    Qui va la jeunesse insultant
    Faut-il que le cœur me brise À
    D'autres partir pour la croisade

Quand mon amie aux cheveux d'or est en France 20
et non pas à Tyr et que vive en paix le Sultan

    Dans les boucles de mon automne
    Si j'ai perdu mon bel été
    Qu'importe Les eaux du Léthé
    Ont le goût que l'amour leur donne   25
    Et les baisers toujours m'étonnent

Comme les images d'or qui se formant dans
la bouche y périssent avant d'avoir été

Mais pourtant lorsque vint la grêle
On entendit chanter Bertrand   30
Le péril était différent
Ou si c'étaient des sauterelles
France n'est pas une marelle

Où pousser du ciel à l'enfer mon peuple et mon
cœur comme des cailloux faits à d'autres torrents   35

Les raisons d'aimer et de vivre
Varient comme font les saisons
Les mots bleus dont nous nous grisons
Cessent un jour de nous rendre ivres
La flûte se perd dans les cuivres   40

Ah sourda-t-il de la bataille une mélodie à la
taille immense de nos horizons

Le malheur m'a pris à la Flandre
Et m'étreint jusqu'au Roussillon
À travers le feu nous crions   45
Notre chanson de salamandre
Mais qui saura ce cri reprendre

Donner voix aux morts aux vivants et plonger
ses doigts dans la cendre y débâillonner les grillons

Il faut une langue à la terre   50
Des lèvres aux murs aux pavés
Parlez parlez vous qui savez
Spécialistes du mystère
Le sang refuse de se taire

Que le long chapelet de France égrène enfin ses   55
terribles pater ses terribles avé

Dans les flots les bêtes marines
Les loups dans le cœur des taillis
Ont au prélude tressailli
Ô chanteurs enflez vos narines   60
D'une musique alexandrine

Pas un brin d'herbe un souffle à perdre une minute il
faut donner l'ut de poitrine à ton pays

Alain vous que tient en haleine
Neige qu'on voit en plein mois d'août   65
Neige qui naît je ne sais d'où
Comme aux moutons frise la laine
Et le jet d'eau sur la baleine

Vous me faites penser à ce poète qui s'appelait
Bertrand de Born presque comme vous   70
                    Presque
                            comme
                                    vous

Prélude à la Diane française

L'homme où est l'homme l'homme L'homme
Floué roué troué meurtri
Avec le mépris pour patrie
Marqué comme un bétail et comme
Un bétail à la boucherie.   5

Où est l'amour l'amour L'amour
Séparé déchiré rompu
Il a lutté tant qu'il a pu
Tant qu'il a pu combattre pour
Écarter ces mains corrompues.   10

Voici s'abattre les rapaces
Fumant d'un monstrueux repas
Les traîtres les saluent bien bas
Place Il te faut laisser l'espace
Au sang mal séché de leurs pas   15

La rose de feu des martyrs
Et la grande pitié des camps
Le pire les meilleurs traquant
Ne rien sentir et consentir
Jusqu'à quand Français jusqu'à quand   20

Victoire à l'Est où l'ombre est prise
Au piège blanc de la clarté
Ô matin de la liberté
La rouge aurore y terrorise
Un vainqueur désorienté   25

Pour lui toute nuit soit mortelle
Que toute fenêtre ait du plomb
Toute main vivante un boulon
Que l'épouvante l'écartèle
Que le sol brûle à ses talons.   30

Il dormirait dans nos alcôves
Il rêverait dans nos maisons
Devant nos calmes horizons
Il faut chasser la bête fauve
Et sa chienne la trahison   35

Ce n'est plus le temps de se taire
Quand le ciel change ou va changer
Ne me parlez plus du danger
Voyez voyez sur notre terre
Le pied pesant de l'étranger   40

Entendez Francs-Tireurs de France
L'appel de nos fils enfermés
Formez vos bataillons formez
Le carré de la délivrance
Ô notre insaisissable armée   45

Renaissance de votre colère
Comme une voile dans le vent
Vannant l'univers à son van
La grande force populaire
Unie et plus pure qu'avant   50

Des armes, où trouver des armes
Il faut les prendre à l'ennemi
Assez attendre l'accalmie
Assez manger le pain des larmes
Chaque jour peut être Valmy   55

Il n'y a pas d'amour heureux

Rien n'est jamais acquis à l'homme Ni sa force
Ni sa faiblesse ni son cœur Et quand il croit
Ouvrir ses bras son ombre est celle d'une croix
Et quand il croit serrer son bonheur il le broie
Sa vie est un étrange et douloureux divorce   5
  Il n'y a pas d'amour heureux

Sa vie Elle ressemble à ces soldats sans armes
Qu'on avait habillés pour un autre destin
À quoi peut leur servir de se lever matin
Eux qu'on retrouve au soir désœuvrés incertains   10
Dites ces mots Ma vie Et retenez vos larmes
  Il n'y a pas d'amour heureux

Mon bel amour mon cher amour ma déchirure
Je te porte dans moi comme un oiseau blessé
Et ceux-là sans savoir nous regardent passer   15
Répétant après moi les mots que j'ai tressés
Et qui pour tes grands yeux tout aussitôt moururent
    Il n'y a pas d'amour heureux

Le temps d'apprendre à vivre il est déjà trop tard
Que pleurent dans la nuit nos cœurs à l'unisson   20
Ce qu'il faut de malheur pour la moindre chanson
Ce qu'il faut de regrets pour payer un frisson
Ce qu'il faut de sanglots pour un air de guitare
    Il n'y a pas d'amour heureux

Il n'y a pas d'amour qui ne soit à douleur   25
Il n'y a pas d'amour dont on ne soit meurtri
Il n'y a pas d'amour dont on ne soit flétri
Et pas plus que de toi l'amour de la patrie
Il n'y a pas d'amour qui ne vive de pleurs
    Il n'y a pas d'amour heureux   30
    Mais c'est notre amour à tous deux

    Ballade de celui qui chanta dans les supplices

    – «Et s'il était à refaire
    Je referais ce chemin...»
    Une voix monte des fers
    Et parle des lendemains.

    On dit que dans sa cellule,   5
    Deux hommes, cette nuit-là,
    Lui murmuraient: «Capitule
    De cette vie es-tu las?

    Tu peux vivre, tu peux vivre,
    Tu peux vivre comme nous!   10
    Dis le mot qui te délivre
    Et tu peux vivre à genoux...»

– «Et s'il était à refaire,
Je referais ce chemin…»
La voix qui monte des fers   15
Parle pour les lendemains.

«Rien qu'un mot: la porte cède,
S'ouvre et tu sors! Rien qu'un mot:
Le bourreau se dépossède…
Sésame! Finis tes maux!   20

Rien qu'un mot, rien qu'un mensonge
Pour transformer ton destin…
Songe, songe, songe, songe
À la douceur des matins!»

– «Et si c'était à refaire   25
Je referais ce chemin…»
La voix qui monte des fers
Parle aux hommes de demain.

«J'ai dit tout ce qu'on peut dire:
L'exemple du Roi Henri…   30
Un cheval pour mon empire…
Une messe pour Paris…

Rien à faire.» Alors qu'ils partent!
Sur lui retombe son sang!
C'était son unique carte: 35
Périsse cet innocent!

Et si c'était à refaire
Referait-il ce chemin?
La voix qui monte des fers
Dit: «Je le ferai demain.   40

Je meurs et France demeure
Mon amour et mon refus.
Ô mes amis, si je meurs,
Vous saurez pourquoi ce fut!»

Ils sont venus pour le prendre.   45
Ils parlent en allemand.
L'un traduit: «Veux-tu te rendre?»
Il répète calmement:

– «Et si c'était à refaire
Je referais ce chemin,   50
Sous vos coups, chargé de fers,
Que chantent les lendemains!»

Il chantait, lui, sous les balles,
Des mots: «… sanglant est levé…»
D'une seconde rafale,   55
Il a fallu l'achever.

Une autre chanson française
A ses lèvres est montée,
Finissant la Marseillaise
Pour toute l'humanité!   60

Libération

Est-ce l'anguille ou l'ablette
Qui fait la loi du vivier
Et depuis quand l'alouette
Chasse-t-elle l'épervier

L'homme pousse la brouette   5
La femme lave à l'évier
Sur le vantail la chouette
Atteste que vous rêviez

LUC BÉRIMONT

P.C. 40

À Pierre Seghers

Le brouillard est au long de nous
C'est comme une femme étendue
Les arbres de son sexe roux
Le bleu de sa peine mal tue
Je t'offre la douceur de tout.   5

Moi, je marche et je suis en guerre
J'ai mon fusil de lyre à feu
Mon casque et dans mes cartouchières
Trente-cinq cris de frères blonds
Qui m'eussent pu sourire hier.   10

La route est une image d'âme
Avec ses trous, ses flaques d'eau
Je suis un grand blessé d'étoiles
Infirme d'un cœur à vau-l'eau
Sur un radeau d'aubépines pourries.   15

Chanson de route

Pour revenir des mers à boire
Avec la soif entre les dents
Il faut passer par des ruelles
Par monts et vaux, et par venelles
Frôler les branches du sang noir.   5

C'était dans le cambouis des routes
Sous les camions de la chaleur
Avec leur corps croulant de muscles
Leur baluchon rempli d'odeurs
– Leurs mains à vent, leurs yeux à fleurs –   10
Ils revenaient des mers à boire
Saint Christophe à plat sur la panse
Une abeille au pied des lilas
Le monde est grand quand on y pense
Les rues à lune sont nos sœurs.   15

La mer, c'est le ciel des voiliers.
Ils n'eurent pas le cœur de boire
Mais au retour, pour se venger,
Ils dérobèrent un ciboire
Et lapèrent aux bénitiers.   20

Ceci pour dire que les routes
Ont le destin des peaux d'ancêtres
Striées de rides parallèles
Où les pleurs aiment à dormir.

Saison

Le corps coulé – ruisseau dans les herbes de mai –
    Ventre à terre dans les fourmis
    Ventre à terre dans la chaleur
    Ventre à terre dans le violet
    Ventre à terre dans les odeurs   5
Ventre pris dans tous les pièges de la terre
Sur la croûte d'orage où fermentent les fleurs.

Voguer ces heures-ci dans l'amer du soleil
    Le bleu des cartes de marine
    Le mât tendu des peupliers   10
    L'eau douce aux fontaines du ciel
    Hissons les pavillons de mai
    Tournez mes anges de missel
    Je vous vois mieux les yeux fermés.

Les yeux fermés, je m'en vais vite   15
À la crypte de mes douleurs
Terre! plein ciel des marguerites
Ah que ne suis-je l'oiseleur
De ce printemps lourd de mérites
Et qui m'explose dans le cœur?   20

¶

TU MARCHAIS dans l'averse avec des yeux blessés
Ta tête s'en allait rouler dans les buées
L'odeur des foins gorgés te faisait tituber
Le fagot du sommeil au bord de ton épaule
Et l'été qui pesait sur tes genoux serrés.   5

Les plaines de la pluie vont à la renversée;
Tes cheveux sont ployés de globes, de cristaux
Une rose de nuit brûle et troue ton visage
Tu écrases le cœur d'une lampe sauvage
Tu entends applaudir les houles de la peur   10
Une branche bercée qui touche ta chaleur
Une grande rumeur de musique d'avent
De milliers d'oiseaux verts sur le ventre du vent.

¶

LE BOULANGER penché sur la faim des villages
Voit des chevaux danser au fond de son fournil;
L'été mort est sorti de la pâte brassée
Il vient avec ses geais, ses feux, ses renards roux
Il déferle au travers de la porte et des murs   5
Il lèche l'enfant pain dans la crèche du four
Il renifle un sang lourd sous la croûte éclatée.

A trois heures de nuit le vent lui-même dort
Le persil a fleuri au décours de la lune

À trois heures de nuit le nourrisseur est mort   10
Raidi dans son maillot de marin de la terre.
Un acier de soleil a traversé son corps
Des naseaux irrités l'ont couvert de farine
Tous les pains refroidis sont des étoiles mûres
Un brin d'herbe a jailli du cri de sa poitrine.   15

¶

LE TEMPS du beau plaisir serpente par des plaines
Où les blés vont rugir avec leurs lions roux.
Les enfants couleront de ces toisons oisives:
Un peuple est à mûrir dans les caves de l'août
Des lèvres, par milliers, sucent la terre ouverte.   5

C'est le cargo du blé, c'est l'océan du sang
On entend s'élever des vivats à la lune
Les morts sont à nourrir la bouche des vivants
Un étendard de vent bat à la grande hune.

Les couchés dresseront leurs poings d'épis luisants   10
De leurs ventres fendus jailliront des armées
Tout retourne à l'été, tout rentre dans le rang
Le boulanger pétrit des neiges explosées.

ALAIN BORNE

Neige

Salut royaume, cristal de songe
fuite de marbre, eau tranquille et rebelle
piège, douce fraîcheur inconsolable
salut miroir des fronts.

Salut tissu tissé des harpes d'anges   5
manne des prisonniers et hostie des mourants
lueur de reposoir fervent
peinture enfin des couleurs de l'âme.

Salut mes belles larmes des fêtes-Dieu d'hiver
salut mon doux trophée refuge des poètes   10
neige ô ma blonde et morte amante
neige, mon flanc de voile et ma tombe d'amour.

Neige! la terre enfin de mon regard blessé
la terre aux bruits tués et aux pas assourdis
la terre où l'ombre joue dans la beauté légère   15
où la lèvre des chutes baise un sable de cieux.

Jours de neige, ô vrais jours d'où tout poids se bannit
où nous mouvons nos membres sur des pétales d'eau
ô rose intarissable, ô cendre de colombe
ô soie enfin froissée sur l'avers des tombes.   20

Automne

À Henri Pourrat

Il y eut donc le printemps et son fleuve de fleurs
– Avec ses mains de feuilles fermées sur l'ombre en fruit
oh! cet automne, là, qui dure sur nos vies
et ferme l'horizon du long cri de son sang. –

Il y eut donc l'été comme l'angélus de midi   5
où nos mains en prison glissaient le long des livres
– oh! nos corps roués d'ombre, roués d'eau, de soleil –
où le sommeil
veillait sur l'ivresse des mouches et des pensées.

C'est l'automne, va, c'est l'automne, paix des forêts,   10
tu n'as pas reconnu la grive immortelle et gavée
grise, grise, que ne fleurira plus son sang dernier
car il y a chasse aux hommes cette année.

Les vieux fusils sommeillent près des vieilles poupées
le plomb de nos soldats d'enfants coule en sang sur la terre
les abeilles d'acier essaiment vers nos cœurs   16
nouvelles fleurs d'où coulera le miel chaud de la mort.

De mes songes tristes a surgi ton visage, ma mort,
soudain le nuage de ton visage pâle de vie.
Plaisir, désir, ton sourire   20
éclairait de neige l'au-delà
et je comptais mes pas sous ta lumière
dévalant vers l'hiver.

Deuil

Quand revient le printemps nous songeons à vous
comme à une plante qui oublie de fleurir
et nous regardons l'air avec confiance
tant l'espoir de l'homme est lent à mourir
mais il ne vient qu'un parfum de rire   5
chantant des voix des jeunes filles
que des nuages endormis
que des cheveux ivres d'haleine
toute une vie qui nous détourne vers l'oubli

et votre image vieillit en nous 10
et votre voix se fait lointaine
dont le murmure à nos oreilles
tirerait du gel de nos cœurs toutes les fleurs de jadis.

Les mains tranquilles que nos mains préféraient
sont chassées du soleil, froides parmi les pierres 15
et les visages où nos yeux se perdaient.

Vie, comme tu brilles encore en mon sang qui persiste
dans l'étroit monument si lentement sculpté
qui fend de sa chaleur l'hiver perpétuel
je t'ai crue éternelle en ce nœud de douceur 20
mais voici que le jeu s'achève
le gazon cache mal les formes enfouies
et je devrais dormir avec dans mes mains
la racine des sauges
la pluie dans mes orbites jetant sa boue de larmes 25
mais je demeure encore sur ce toit d'incendie
le temps que passe l'ombre du dernier rossignol
comme une foudre de chanson.

Des larmes sur moi-même encore
larve vivante qui file sa salive dans le vent 30
pour un cocon de soie
alors que sous le sol dort le plus précieux bien
et que nul appel n'écartera la terre
pour nous rendre cet or soudain corrompu
dont se jouèrent des mains de crime. 35

Que je me taise, que je ramène le silence
sur ces corps réduits au silence
si je ne sais plus choisir en ma voix
la tige lourde de pollen
pour chanter comme l'un d'eux la lourde peine 40
de n'être plus parmi les sources
rose fanée aux heures de l'aube.

J'ai chanté la mort au temps de la menace
quand la Hache suprême sifflait sur les racines
comme on chante une absente au pas froissé de sable   45
mais je ne savais pas qu'elle trierait nos doigts
qu'il me faudrait donner à l'ombre ces lumières
et nouer mes deux mains délaissées pour recréer la ronde
dans ce geste hagard de prière oubliée.

Chiffre toujours obscur du destin   50
je n'ai pas su voir ce signe sur vos fronts
je remonte vers vous le perron du regret
vers la terrasse où nous vivions
et le passé moqueur me chante son mensonge
et l'avenir aiguise mes fraîches funérailles.   55

Rien ne consolera ce juin de l'horreur
où le plus bel avril est entré dans l'hiver
cependant que la terre prenait le deuil des flammes
      et des cendres.

Les flammes s'agenouillent dans les moissons
à l'horizon forgé de mort   60
l'aile bat encore de l'oiseau furieux
prisonnier de sa rage
qui veut porter la terre loin de nos astres
et tire sur ses serres entravées de volcans.

Mais ici l'été dort, menteur comme la beauté   65
beau comme un visage d'enfance
dont les yeux légers ne sont blessés que d'ombre
les racines des blés découvrent sous la terre
la poussière muette tragique d'abandon
et mène dans le vent qui foule les épis   70
le centre des cœurs enfuis que nous avons aimés.

Le massacre s'est tu
il a mis sous les ronces sa figure blessée
puis est parti comme une fête
et des filles riaient en pavoisant ses roues   75
où se lisait encore le sang de leurs fiancés
de nos dernières fleurs ravies à leurs tombeaux.

Il a repris les routes où se trame la guerre
c'est ailleurs qu'il secoue le joyeux grelot de ses canons
en cueillant d'autres fleurs que hantait la jeunesse.   80

Dans le ciel libre aucun drapeau blessé
sauf à travers nos yeux de larmes
le silence revient comme un vol de ramiers
dont la fuite annonçait le temps de la colère
une prison paisible est née de notre terre   85
des chaînes invisibles alourdissent nos gestes
et nous dormons la guerre qui crucifie nos membres.

Que les clous qui nous tuent nous deviennent des armes
et que le sang perdu au lieu de nos linceuls
nous tisse des armures   90
et que la peur tournant aux orages du cœur
devienne une colère qui nous chasse en avant
que la prière se fige à nos lèvres femelles
que nos regards brûlent le sel lâche des pleurs.

Nos amis qui sont morts dorment sous les saisons   95
le drame de la sève monte parmi leurs os
au visage des arbres que guettent les abeilles
la détresse d'automne secoue ses vents de feuilles
sur la jeunesse morte au rire de l'été.

JEAN CASSOU

¶

JE M'ÉGARE par les pics neigeux que mon front
recèle dans l'azur noir de son labyrinthe.
Plus d'autre route à moi ne s'ouvre, vagabond
enfoncé sous la voûte de sa propre plainte.

Errer dans ce lacis et délirer! O saintes   5
rêveries de la captivité. Les prisons
sont en moi mes prisonnières et dans l'empreinte
de mes profonds miroirs se font et se défont.

Je suis perdu si haut que l'on entend à peine
mon sourd appel comme un chiffon du ciel qui traîne.   10
Mais là-bas, clair pays d'où montent les matins,

dans ta prairie, Alice-Abeille, ma bergère,
si quelque voix, tout bas, murmure: «C'est ton père»,
va-t'en vers la montagne et prends-moi par la main.

¶

IL N'Y AVAIT que des troncs déchirés,
que couronnaient des vols de corbeaux ivres,
et le château était couvert de givre,
ce soir de fer où je m'y présentai.

Je n'avais plus avec moi ni mes livres,   5
ni ma compagne, l'âme, et ses péchés,
ni cette enfant qui tant rêvait de vivre
quand je l'avais sur terre rencontrée.

Les murs étaient blanchis au lait de sphynge
et les dalles rougies au sang d'Orphée.   10
Des mains sans grâce avaient tendu des linges

aux fenêtres borgnes comme des fées.
La scène était prête pour des acteurs
fous et cruels à force de bonheur.

¶

LA RUE monte jusqu'à la blanchisserie bleue
et découpe, déserte, un ciel de craie. Tu passes,
pèlerin des pavés livides et des places
où grelottent les bancs et les kiosques poudreux.

Quelle stupeur se peint où tu portes les yeux,   5
dans l'immobile cri des affiches, les glaces
figées des magasins naufragés et la face
de toutes ces maisons en attente du feu !

Va-t'en de ton chemin, sors de tous les chemins,
toi qui n'as pu jamais obtenir un destin !   10
C'est l'écho de tes pas qui forme un tel silence.

Mais que vitres et toits enfin vibrent de rire,
et les jardins des rois que ta seule présence,
sous le poids de sa cendre, empêche de surgir !

¶

COMME le sens caché d'une ronde enfantine,
qui n'a rêvé d'entendre un jour sa propre voix
et de voir son regard et de saisir le signe
que fait en s'éloignant la ligne de nos pas ?

Ô mal aimée, le temps, cet imposteur insigne,   5
nous volait notre temps et s'envolait, narquois,
nous laissant un lambeau de sa chanson maligne
pour nous bercer. Pourtant il me semblait parfois

que cette vie n'était pas tout à fait la nôtre.
Mais non, vois-tu, c'était bien elle et non une autre.   10
La fille errante, aux mains brisées, venue s'asseoir,

un soir de vent, au coin de la cheminée froide,
mais regarde-la donc, regarde son regard
terrible d'oiseau triste et d'étoile malade.

¶

À MAISON de feu ciel de pierre,
mais à ciel de pierre aile d'ange
bruissante en ripostes de fer.
Au clair de l'incessant échange,

c'est toi, le moindre souffle d'air,   5
langue légère, qui déranges
le diamant des vents contraires
et construis des règnes étranges.

Vive aurore se fasse airain,
ou roc le vaporeux destin: 10
s'en rira l'inscrutable centre

d'où s'inspire un plus fier serpent.
Il neige. Et Noël, dans son antre,
couve quel métal étonnant?

¶

LA PLAIE que, depuis le temps des cerises,
je garde en mon cœur s'ouvre chaque jour.
En vain les lilas, les soleils, les brises
viennent caresser les murs des faubourgs.

Pays des toits bleus et des chansons grises,　　5
qui saignes sans cesse en robe d'amour,
explique pourquoi ma vie s'est éprise
du sanglot rouillé de tes vieilles cours.

Aux fées rencontrées le long du chemin
je vais racontant Fantine et Cosette.　　10
L'arbre de l'école, à son tour, répète

une belle histoire où l'on dit: demain...
Ah! jaillisse enfin le matin de fête
où sur les fusils s'abattront les poings!

¶

PARIS ses monuments de sang drapés, son ciel
couleur aile d'avion, dans le soleil couchant,
j'ai tout revu, et j'entendais renaître un chant
lointain, pareil à une levée d'étincelles.

J'ai si longtemps aimé, il y a si longtemps,　　5
cette ville dans une chambre aux murs de miel
et d'aube vieille, au plafond bas. Et dans le gel
du miroir pâle un fier visage méditant.

Et les meubles étaient d'acajou. Sur le marbre
une flûte. Par la vitre plombée, les arbres　　10
– des marronniers – dessinaient leur feuillé, très vert.

Je sais: j'étais debout, près de cette fenêtre,
et les pavés retentissaient d'un bruit de fête,
une fête de tous les jours, comme la mer.

¶

L'UNIVERS insulté peut tenir sa vengeance,
les jours renaître au jour et les soirs consolés
répandre leur rosée de sang et d'innocence
et s'ouvrir à la nuit comme des mains lavées.

Revanche dans le ciel, totale et sans clémence!   5
Oui, le tonnerre peut soulager la forêt.
Mais toi, tu n'obtiendras pour toi que le silence
qui suit l'effacement de la chose jugée:

le blanc silence aux ailes de neige éperdues,
dont le cri forcené mesure l'étendue   10
        de l'assouvissement suprême.

Au point où le mépris toute digue a rompue,
cœur près de se briser, il ne te reste plus
        qu'à mépriser le mépris même.

JEAN CAYROL

Dormez-vous?

Réveillez-vous, le froid est déjà à nos portes
et la lune se ferme comme une bouche morte.

Réveillez-vous, à votre porte on a posé
une épée comme un enfant abandonné.

Réveillez-vous, la mort est déjà à cheval   5
on entend son galop dans l'écho du journal.

Réveillez-vous, hommes au gant d'acier
la nuit fait ses adieux au fond de la vallée.

Réveillez-vous, c'est moi fantôme des radios
je vous prête ma voix qui frappe dans le dos.   10

Réveillez-vous, c'est l'heure où les lions vont boire
l'heure aiguë se referme en ses ailes d'ivoire.

Réveillez-vous, l'échelle est prête sur le mur
et la lune se lève au fond de vos armures.

Réveillez-vous vieille colère des fagots   15
chienne mal réveillée qui tire sur l'anneau.

Réveillez-vous, rage énorme des armoires
tremblement du plancher, bruits légers de l'espoir.

Réveillez-vous Seigneur ou vous serez mangé
Mon Dieu qui m'éclairez jusqu'au bout de l'allée.   20

¶

Ô FRUIT dépossédé de la Colère, pulpe découronnée
au dehors de Dieu, en plein jour,
fruit de la poussière et de la mort, enclos du mal,
exigence finale de l'aube, abîme qui s'efface dans le soleil,

au travail, Fruit immonde, sacrement du dégoût,   5
graine de sécheresse, stérile apothéose,
Fruit qui jettes bas la feuille et la branche,
Fruit poisseux de cruauté, égarement de l'Épine,

en avant, Fruit, nausée suprême du Verger
dans le fracas des flammes redressées,   10
parmi les ombres dansantes de l'amour
le serpent nain du Fruit se tord dans l'air livide,
le Ver énorme se balance au-dessus du premier visage levé
dans la fascination de l'Homme découvert.

Lâchez le Fruit tout mordu jusqu'au sang,   15
graines légères de la peste, Fruit aux abois
bulle de sang éclatée, échappée sur l'enfer,
Fruit essoufflé dans le vent qui se lève,
cellule de chair puante, ô Fruit mort-né
tous les fruits se révoltent à la pesée de nos mains   20
nous avançons dans le silence du Fruit.

Retour

C'était un homme qui revenait
tout un dieu chantait en lui
un buisson d'oiseaux dans ses mains
un œil léger et sans sommeil
la bouche gourmande et son pas   5
qui faisait retourner les bêtes

Il était si lourd dans l'ombre
mais si frêle dans le soleil
se levant tôt pesant à peine
et sa voix prête dans sa gorge   10
comme un beau jus de groseille

Une ou deux femmes le suivirent
comme on suit les militaires
sans raison la chanson bête
il était couvert de poussière   15
mais si beau quand le vent soufflait
et portait sa vraie lumière
dans les plus lointaines demeures

C'était un homme qui revenait
Il avait ses papiers en règle   20
et personne ne l'a ramené.

Cœur percé d'une flèche

Les temps obscurs sont toujours là
les villes mendiantes les cerisiers en sang la belle étoile
le douloureux secret des arbres sans un fruit
les fenêtres donnant sur des plaies inguérissables
la lune comme un visage blessé à mort   5
les temps obscurs sont toujours là

Les promesses entre deux portes les ombres
qui cernent les fleurs ignorantes
le blé qui germe pour des pains qui ne seront pas mangés
la foule tendre des morts dans les après-midis de novembre
les vieux marchands sur le seuil de la paix l'homme seul   11
qui reconnaît la nuit dans les yeux qu'il a aimés
les temps obscurs sont toujours là

la vie d'une mésange attendue dans les bois
le rire de la neige sur le visage des mois   15
l'arrivée sur les hauts sommets des ruines éternelles
le porche brisé de la terre l'anneau qui roule des doigts
trop maigres le sourire qui vole de bouche en bouche
jusqu'à celle
qui déjà a perdu le nom de notre amour   20
les temps obscurs sont toujours là.

Solitude

Depuis qu'il est revenu
il vit avec les chiens
les bêtes veules les arbres morts
de l'été qui finit la guerre

Depuis qu'il est revenu   5
son visage est devenu laid
il parle seul dans la rue
il ne sait pas qui l'a trompé

Il tourne dans sa maison
et siffle un air que lui seul connaît   10
et parfois tombe sans raison
comme un homme ivre qui se tait

depuis qu'il est revenu
il ne s'est pas encore mis nu

un jour viendra   15
où il aura deux larmes sous les yeux
tuez-le.

Demain

Vous trouverez les pas encore humides dans l'allée
vous trouverez le vin séché dans les bouteilles
vous trouverez la nuit si jeune aux joues vermeilles
vous trouverez le nom que j'avais oublié

Vous trouverez la ville toute pâle dans l'ombre 5
le chien aveugle le feu dérobé à nouveau
vous trouverez la terre habituée à ses cendres
l'ange ébloui du crime assis sur un tombeau

Vous trouverez la voix toute rongée par l'amour
les morts qui vont venir dans les saisons secrètes 10
et notre liberté qui détourne la tête
et l'aube déchirée par les larmes qui court

Vous trouverez l'épée la colère et le jour.

Confession

La parole est d'or bleu silence enfui
Verbe blanchi sous la neige et sous le vent
et le cri ce cri fou plongé en plein minuit
quand l'ennemi chantait les prouesses du sang

La parole est de vent mon vert souci 5
arbre qui retrouvez le ciel plus dur que pierre
lieu déchiré oiseau qui n'avez plus de terre
proche voix extrême voix d'une patrie

La parole est de sang lance rouge de midi
crime aux lourdes pétales qui retombe été 10
funèbre été qui m'avez tout redit

langage des plaies

Mes frères ennemis

On ne peut rien contre le monde
dans la noire faim des tombes
dans la fureur d'un printemps qui sait tout
dans notre cri dans notre rire fou
dans ces hautes salles d'ombre où l'ennemi sommeille 5
dans les grandes mers dorées par des voix
qui n'arrivent plus à nos oreilles
dans ces images venues d'outre tombe
portant le poids d'un destin effacé
dans ces courages verdoyants aux heures sombres   10
fleurant le ciel et le cœur amer des plantes

On ne peut rien contre le monde
à genoux mais non abattu
les insoumis font la ronde
autour de ce corps froid et nu   15
autour des villes qui laissent aux nuits le houx des membres
autour des paysages violés qui ne se souviennent plus de
    rien
autour des morts si bruyants dans les galeries de novembre
autour des frondaisons sauvages de liberté
qui dérobe tout le paysage   20
autour de la dernière bombe qui refuse de mourir

On ne peut rien contre le monde
contre le monde qui dort en nous.

RENÉ CHAR

Louis Curel de la Sorgue

Sorgue qui t'avances derrière un rideau de papillons qui
pétillent, ta faucille de doyen loyal à la main, la crémaill-
ère du supplice en collier à ton cou, pour accomplir ta
journée d'homme, quand pourrai-je m'éveiller et me sentir
heureux au rythme modelé de ton seigle irréprochable? Le 5
sang et la sueur ont engagé leur combat qui se poursuivra
jusqu'au soir, jusqu'à ton retour, solitude aux marges de plus
en plus grandes. L'arme de tes maîtres, l'horloge des marées,
achève de pourrir. La création et la risée se dissocient. L'air-
roi s'annonce. Sorgue, tes épaules comme un livre ouvert 10
propagent leur lecture. Tu as été, enfant, le fiancé de cette
fleur au chemin tracé dans le rocher qui s'évadait par un
frelon... Courbé, tu observes aujourd'hui l'agonie du per-
sécuteur qui arracha à l'aimant de la terre la cruauté
d'innombrables fourmis pour la jeter en millions de meurtriers 15
contre les tiens et ton espoir. Écrase donc encore une fois cet
œuf cancéreux qui résiste...

Il y a un homme à présent debout, un homme dans un
champ de seigle, un champ pareil à un chœur mitraillé, un
champ sauvé.   20

Chant du refus

Début du partisan

Le poète est retourné pour de longues années dans le
néant du père. Ne l'appelez pas, vous tous qui l'aimez. S'il
vous semble que l'aile de l'hirondelle n'a plus de miroir sur
terre, oubliez ce bonheur. Celui qui panifiait la souffrance
n'est pas visible dans sa léthargie rougeoyante.   5

Ah! beauté et vérité fassent que vous soyez *présents*
nombreux aux salves de la délivrance!

Carte du 8 novembre

Les clous dans notre poitrine, la cécité transissant nos os,
qui s'offre à les subjuguer? Pionniers de la vieille église,
affluence du Christ, vous occupez moins de place dans la
prison de notre douleur que le trait d'un oiseau sur la corniche
de l'air. La foi! Son baiser s'est détourné avec horreur de ce 5
nouveau calvaire. Comment son bras tiendrait-il démurée
notre tête, lui qui vit, retranché des fruits de son prochain, de
la charité d'une serrure inexacte? Le suprême écœurement,
celui à qui la mort même refuse son ultime fumée, se retire,
déguisé en seigneur.   10

Notre maison vieillira à l'écart de nous, épargnant le
souvenir de notre amour couché intact dans la tranchée de sa
seule reconnaissance.

Tribunal implicite, cyclone vulnéraire, que tu nous rends
tard le but et la table où la faim entrait la première! Je suis 15
aujourd'hui pareil à un chien enragé enchaîné à un arbre
plein de rires et de feuilles.

Plissement

Qu'il était pur, mon frère, le prête-nom de ta faillite –
j'entends tes sanglots, tes jurons –. Ô vie transcrite du large
sel maternel! L'homme aux dents de furet abreuvait son
zénith dans la terre des caves, l'homme au teint de mouchard
tuméfiait partout la beauté bien-aimée. Vieux sang voûté, 5
mon gouverneur, nous avons guetté jusqu'à la terreur le dégel
lunaire de la nausée. Nous nous sommes étourdis de patience
sauvage; une lampe inconnue de nous, inaccessible à nous, à
la pointe du monde, tenait éveillés le courage et le silence.

Vers ta frontière, ô vie humiliée, je marche maintenant au 10
pas des certitudes, averti que la vérité ne précède pas obli-
gatoirement l'action. Folle sœur de ma phrase, ma maîtresse
scellée, je te sauve d'un hôtel de décombres.

Le sabre bubonique tombe des mains du Monstre au terme
de l'exode du temps de s'exprimer.   15

Hommage et famine

Femme qui vous accordez avec la bouche du poète, ce
torrent au limon serein, qui lui avez appris, alors qu'il n'était
encore qu'une graine captive de loup anxieux, la tendresse
des hauts murs polis par votre nom (hectares de Paris,
entrailles de beauté, mon feu monte sous vos robes de fugue), 5
Femme qui dormez dans le pollen des fleurs, déposez sur son
orgueil votre givre de médium illimité, afin qu'il demeure
jusqu'à l'heure de la bruyère d'ossements l'homme qui pour
mieux vous adorer reculait indéfiniment en vous la diane de
sa naissance, le poing de sa douleur, l'horizon de sa victoire. 10
　(Il faisait nuit. Nous nous étions serrés sous le grand chêne
de larmes. Le grillon chanta. Comment savait-il, solitaire,
que la terre n'allait pas mourir, que nous, les enfants sans
clarté, allions bientôt parler?)

La liberté

Elle est venue par cette ligne blanche pouvant tout aussi
bien signifier l'issue de l'aube que le bougeoir du crépuscule.
　Elle passa les grèves machinales; elle passa les cimes
éventrées.
　Prenaient fin la renonciation à visage de lâche, la sainteté 5
du mensonge, l'alcool du bourreau.
　Son verbe ne fut pas un aveugle bélier mais la toile où
s'inscrivit mon souffle.
　D'un pas à ne se mal guider que derrière l'absence, elle est
venue, cygne sur la blessure, par cette ligne blanche. 10

J'habite une douleur

Ne laisse pas le soin de gouverner ton cœur à ces tendresses
parentes de l'automne auquel elles empruntent sa placide
allure et son affable agonie. L'œil est précoce à se plisser. La

souffrance connaît peu de mots. Préfère te coucher sans
fardeau: tu rêveras du lendemain et ton lit te sera léger. Tu   5
rêveras que ta maison n'a plus de vitres. Tu es impatient de
t'unir au vent, au vent qui parcourt une année en une nuit.
D'autres chanteront l'incorporation mélodieuse, les chairs
qui ne personnifient plus que la sorcellerie du sablier. Tu
condamneras la gratitude qui se répète. Plus tard, on t'iden-   10
tifiera à quelque géant désagrégé, seigneur de l'impossible.
  Pourtant.
  Tu n'as fait qu'augmenter le poids de ta nuit. Tu es retourné
à la pêche aux murailles, à la canicule sans été. Tu es furieux
contre ton amour au centre d'une entente qui s'affole. Songe   15
à la maison parfaite que tu ne verras jamais monter. A quand
la récolte de l'abîme? Mais tu as crevé les yeux du lion. Tu
crois voir passer la beauté au-dessus des lavandes noires…
  Qu'est-ce qui t'a hissé, une fois encore, un peu plus haut,
sans te convaincre?   20
  Il n'y a pas de siège pur.

Seuil

  Quand s'ébranla le barrage de l'homme, aspiré par la faille
géante de l'abandon du divin, des mots dans le lointain, des
mots qui ne voulaient pas se perdre, tentèrent de résister à
l'exorbitante poussée. Là se décida la dynastie de leur sens.
  J'ai couru jusqu'à l'issue de cette nuit diluvienne. Planté   5
dans le flageolant petit jour, ma ceinture pleine de saisons, je
vous attends, ô mes amis qui allez venir. Déjà je vous devine
derrière la noirceur de l'horizon. Mon âtre ne tarit pas de
vœux pour vos maisons. Et mon bâton de cyprès rit de tout
son cœur pour vous.   10

Affres, détonation, silence

  Le Moulin du Calavon. Deux années durant, une ferme de
cigales, un château de martinets. Ici tout parlait torrent,

tantôt par le rire, tantôt par les poings de la jeunesse. Aujourd'hui, le vieux réfractaire faiblit au milieu de ses pierres, la plupart mortes de gel, de solitude et de chaleur. À 5 leur tour les présages se sont assoupis dans le silence des fleurs.

Roger Bernard: l'horizon des monstres était trop proche de sa terre.

Ne cherchez pas dans la montagne; mais si, à quelques 10 kilomètres de là, dans les gorges d'Oppedette, vous rencontrez la foudre au visage d'écolier, allez à elle, oh, allez à elle et souriez-lui car elle doit avoir faim, faim d'amitié.

ROBERT DESNOS

¶

DANS L'ALLÉE où la nuit s'épaissit sous les chênes
Le pas lent d'un cheval retentit et, parfois
S'attarde. Un son de cor s'efface dans la plaine
Et les arbres jumeaux grincent de tout leur bois

Comme le brodequin qu'aux mises en géhenne   5
On serrait sur le pied d'un captif aux abois.
Chambre ardente, réveils quand les hommes de peine
Chargent douze fusils pour outrager les lois.

Dans l'allée, à travers les feuilles de Septembre,
Je vois briller des nœuds d'étoiles à tes membres   10
Comme des feux de quart sur le pont des bateaux.

J'entends chanter un chant de meurtre et de torture
Par la coque et la barre et le bruit des mâtures
Imite un brodequin faisant craquer les os.

La cascade

Quelle flèche a percé le ciel et le rocher?
Elle vibre. Elle étale, ainsi qu'un paon, sa queue
Ou, comme la comète à minuit vient nicher,
Le brouillard de sa tige et ses pennes sans nœuds.

Que surgisse le sang de la chair entr'ouverte,   5
Lèvres taisant déjà le murmure et le cri,
Un doigt posé suspend le temps et déconcerte
Le témoin dans les yeux duquel le fait s'inscrit.

Silence? nous savons pourtant les mots de passe,
Sentinelles perdues loin des feux de bivouac   10
Nous sentirons monter dans les ténèbres basses
L'odeur du chèvrefeuille et celle du ressac.

Qu'enfin l'aube jaillisse à travers tes abîmes,
Distance, et qu'un rayon dessine sur les eaux,
Présage du retour de l'archer et des hymnes,   15
Un arc-en-ciel et son carquois plein de roseaux.

Le Cimetière

Ici sera ma tombe, et pas ailleurs, sous ces trois arbres.
J'en cueille les premières feuilles du printemps
Entre un socle de granit et une colonne de marbre.

J'en cueille les premières feuilles du printemps,
Mais d'autres feuilles se nourriront de l'heureuse
    pourriture   5
De ce corps qui vivra, s'il le peut, cent mille ans.

Mais d'autres feuilles se nourriront de l'heureuse
    pourriture,
Mais d'autres feuilles se noirciront
Sous la plume de ceux qui content leurs aventures.

Mais d'autres feuilles se noirciront   10
D'une encre plus liquide que le sang et l'eau des fontaines:
Testaments non observés, paroles perdues au-delà des monts.

D'une encre plus liquide que le sang et l'eau des fontaines
Puis-je défendre ma mémoire contre l'oubli
Comme une seiche qui s'enfuit à perdre sang, à perdre
    haleine?   15

Puis-je défendre ma mémoire contre l'oubli?

La ville

Se heurter à la foule et courir par les rues,
Saisi en plein soleil par l'angoisse et la peur,
Pressentir le danger, la mort et le malheur,
Brouiller sa piste et fuir une ombre inaperçue,

C'est le sort de celui qui, rêvant en chemin,   5
S'égare dans son rêve et se mêle aux fantômes,
Se glisse en leur manteau, prend leur place au royaume
Où la matière cède aux caresses des mains.

Tout ce monde est sorti du creux de sa cervelle.
Il l'entoure, il le masque, il le trompe, il l'étreint,   10
Il lui faut s'arrêter, laisser passer le train
Des créatures nées dans un corps qui chancelle.

Nausée de souvenirs, regrets des soleils veufs,
Résurgence de source, écho d'un chant de brume,
Vous n'êtes que scories et vous n'êtes qu'écume.   15
Je voudrais naître chaque jour sous un ciel neuf.

La voix

Une voix, une voix qui vient de si loin
Qu'elle ne fait plus tinter les oreilles,
Une voix, comme un tambour, voilée
Parvient pourtant, distinctement, jusqu'à nous.

Bien qu'elle semble sortir d'un tombeau   5
Elle ne parle que d'été et de printemps,
Elle emplit le corps de joie,
Elle allume aux lèvres le sourire.

Je l'écoute. Ce n'est qu'une voix humaine
Qui traverse les fracas de la vie et des batailles,   10
L'écroulement du tonnerre et le murmure des
    bavardages.

Et vous? ne l'entendez-vous pas?
Elle dit «La peine sera de peu de durée»
Elle dit «La belle saison est proche».

Ne l'entendez-vous pas?   15

La peste

Dans la rue un pas retentit. La cloche n'a qu'un seul
battant. Où va-t-il le promeneur qui se rapproche
lentement et s'arrête par instant. Le voici devant
la maison. J'entends son souffle derrière la porte.

Je vois le ciel à travers la vitre. Je vois le ciel où les   5
astres roulent sur l'arête des toits. C'est la grande
Ourse ou Bételgeuse, c'est Vénus au ventre blanc, c'est
Diane qui dégrafe sa tunique près d'une fontaine de lumière.

Jamais lunes ni soleils ne roulèrent si loin de la
terre, jamais l'air de nuit ne fut si   10
opaque et si lourd. Je pèse sur ma porte qui résiste…

Elle s'ouvre enfin, son battant claque contre le
mur. Et tandis que le pas s'éloigne je déchiffre
sur une affiche jaune les lettres noires du mot «Peste».

Ce cœur qui haïssait la guerre…

Ce cœur qui haïssait la guerre voilà qu'il bat pour le
combat et la bataille!
Ce cœur qui ne battait qu'au rythme des marées, à celui
des saisons, à celui des heures du jour et de la nuit,

Voilà qu'il se gonfle et qu'il envoie dans les veines un sang
brûlant de salpêtre et de haine
Et qu'il mène un tel bruit dans la cervelle que les oreilles
en sifflent
Et qu'il n'est pas possible que ce bruit ne se répande pas
dans la ville et la campagne   5
Comme le son d'une cloche appelant à l'émeute et au
combat.
Écoutez, je l'entends qui me revient renvoyé par les échos.
Mais non, c'est le bruit d'autres cœurs, de millions d'autres
cœurs battant comme le mien à travers la France.
Ils battent au même rythme pour la même besogne tous
ces cœurs,
Leur bruit est celui de la mer à l'assaut des falaises   10
Et tout ce sang porte dans des millions de cervelles un
même mot d'ordre:
Révolte contre Hitler et mort à ses partisans!
Pourtant ce cœur haïssait la guerre et battait au rythme des
saisons,
Mais un seul mot: Liberté a suffi à réveiller les vieilles
colères
Et des millions de Français se préparent dans l'ombre à la
besogne que l'aube proche leur imposera.   15
Car ces cœurs qui haïssaient la guerre battaient pour la
liberté au rythme même des saisons et des marées, du jour et
de la nuit.

Le legs

Et voici, Père Hugo, ton nom sur les murailles!
Tu peux te retourner au fond du Panthéon
Pour savoir qui a fait cela. Qui l'a fait? On!
On c'est Hitler, on c'est Gœbbels... C'est la racaille,

Un Laval, un Pétain, un Bonnard, un Brinon,   5
Ceux qui savent trahir et ceux qui font ripaille,
Ceux qui sont destinés aux justes représailles
Et cela ne fait pas un grand nombre de noms.

Ces gens de peu d'esprit et de faible culture
Ont besoin d'alibis dans leur sale aventure.   10
Ils ont dit: «Le bonhomme est mort. Il est dompté.»

Oui, le bonhomme est mort. Mais par-devant notaire
Il a bien précisé quel legs il voulait faire:
Le notaire a nom: France, et le legs: Liberté.

PAUL ÉLUARD

Enfants

L'alouette et le hibou dans le même jardin
Étoilé d'œufs brisés par des becs et des ailes
Les agneaux et les loups dans les mêmes beaux draps
Dans le lait débordant de leur gloutonnerie.

Patience

Toi ma patiente ma patience ma parente
Gorge haut suspendue orgue de la nuit lente
Révérence cachant tous les ciels dans sa grâce
Prépare à la vengeance un lit d'où je naîtrai.

Le guerrier et la coquille

La coquille fusion des angles le poisson
Dans l'eau libre enfermé comme un cœur dans sa gangue
La poterie émue et fraîche l'écriture
Sont des baisers forgés pour calmer le guerrier.

Les Sept poèmes d'amour en guerre

> *J'écris dans ce pays où l'on parque les hommes*
> *Dans l'ordure et la soif, le silence et la faim...*
> FRANÇOIS LA COLÈRE (*Le Musée Grévin*).

I

Un navire dans tes yeux
Se rendait maître du vent
Tes yeux étaient le pays
Que l'on retrouve en un instant

Patients tes yeux nous attendaient   5

Sous les arbres des forêts
Dans la pluie dans la tourmente
Sur la neige des sommets
Entre les yeux et les jeux des enfants

Patients tes yeux nous attendaient   10

Ils étaient une vallée
Plus tendre qu'un seul brin d'herbe
Leur soleil donnait du poids
Aux maigres moissons humaines

Nous attendaient pour nous voir   15
Toujours
Car nous apportions l'amour
La jeunesse de l'amour
Et la raison de l'amour
La sagesse de l'amour   20
Et l'immortalité.

II

Jour de nos yeux mieux peuplés
Que les plus grandes batailles

Villes et banlieues villages
De nos yeux vainqueurs du temps   25

Dans la fraîche vallée brûle
Le soleil fluide et fort

Et sur l'herbe se pavane
La chair rose du printemps

*

Le soir a fermé ses ailes   30
Sur Paris désespéré
Notre lampe soutient la nuit
Comme un captif la liberté.

III

La source coulant douce et nue
La nuit partout épanouie   35
La nuit où nous nous unissons
Dans une lutte faible et folle

*

Et la nuit qui nous fait injure
La nuit où se creuse le lit
Vide de la solitude   40
L'avenir d'une agonie.

IV

C'est une plante qui frappe
A la porte de la terre
Et c'est un enfant qui frappe
A la porte de sa mère   45
C'est la pluie et le soleil
Qui naissent avec l'enfant
Grandissent avec la plante
Fleurissent avec l'enfant

J'entends raisonner et rire   50

*

On a calculé la peine
Qu'on peut faire à un enfant
Tant de honte sans vomir
Tant de larmes sans périr

Un bruit de pas sous la voûte   55
Noire et béate d'horreur
On vient déterrer la plante
On vient avilir l'enfant

Par la misère et l'ennui.

V

Le coin du cœur disaient-ils gentiment   60
Le coin d'amour et de haine et de gloire
Répondions-nous et nos yeux reflétaient
La vérité qui nous servait d'asile

Nous n'avons jamais commencé
Nous nous sommes toujours aimés   65
Et parce que nous nous aimons
Nous voulons libérer les autres
De leur solitude glacée
Nous voulons et je dis je veux
Je dis tu veux et nous voulons   70
Que la lumière perpétue
Des couples brillants de vertu
Des couples cuirassés d'audace
Parce que leurs yeux se font face

Et qu'ils ont leur but dans la vie des autres.   75

VI

Nous ne vous chantons pas trompettes
Pour mieux vous montrer le malheur
Tel qu'il est très grand très bête
Et plus bête d'être entier

Nous prétendions seule la mort   80
Seule la terre nous limite

Mais maintenant c'est la honte
Qui nous mure tout vivants

Honte du mal illimité
Honte de nos bourreaux absurdes   85
Toujours les mêmes toujours
Les mêmes amants d'eux-mêmes

Honte des trains de suppliciés
Honte des mots terre brûlée
Mais nous n'avons pas honte de notre souffrance 90
Mais nous n'avons pas honte d'avoir honte

Derrière les guerriers fuyards
Même plus ne vit un oiseau
L'air est vide de sanglots
Vide de notre innocence   95

Retentissant de haine et de vengeance.

VII

Au nom du front parfait profond
Au nom des yeux que je regarde
Et de la bouche que j'embrasse
Pour aujourd'hui et pour toujours   100

Au nom de l'espoir enterré
Au nom des larmes dans le noir
Au nom des plaintes qui font rire
Au nom des rires qui font peur

Au nom des rires dans la rue   105
De la douceur qui lie nos mains
Au nom des fruits couvrant les fleurs
Sur une terre belle et bonne

Au nom des hommes en prison
Au nom des femmes déportées   110
Au nom de tous nos camarades
Martyrisés et massacrés
Pour n'avoir pas accepté l'ombre

Il nous faut drainer la colère
Et faire se lever le fer   115
Pour préserver l'image haute
Des innocents partout traqués
Et qui partout vont triompher.

Comprenne qui voudra

*En ce temps-là, pour ne pas
châtier les coupables, on maltraitait
des filles. On allait même jusqu'à
les tondre.*

Comprenne qui voudra
Moi mon remords ce fut
La malheureuse qui resta
Sur le pavé
La victime raisonnable   5
À la robe déchirée
Au regard d'enfant perdue
Découronnée défigurée
Celle qui ressemble aux morts
Qui sont morts pour être aimés   10

Une fille faite pour un bouquet
Et couverte
Du noir crachat des ténèbres

Une fille galante
Comme une aurore de premier mai   15
La plus aimable bête

Souillée et qui n'a pas compris
Qu'elle est souillée
Une bête prise au piège
Des amateurs de beauté   20

Et ma mère la femme
Voudrait bien dorloter
Cette image idéale
De son malheur sur terre.

Gabriel Péri

Un homme est mort qui n'avait pour défense
Que ses bras ouverts à la vie
Un homme est mort qui n'avait d'autre route
Que celle où l'on hait les fusils
Un homme est mort qui continue la lutte   5
Contre la mort contre l'oubli

Car tout ce qu'il voulait
Nous le voulions aussi
Nous le voulons aujourd'hui
Que le bonheur soit la lumière   10
Au fond des yeux au fond du cœur
Et la justice sur la terre

Il y a des mots qui font vivre
Et ce sont des mots innocents
Le mot chaleur le mot confiance   15
Amour justice et le mot liberté
Le mot enfant et le mot gentillesse
Et certains noms de fleurs et certains noms de fruits
Le mot courage et le mot découvrir
Et le mot frère et le mot camarade   20
Et certains noms de pays de villages
Et certains noms de femmes et d'amis

Ajoutons-y Péri
Péri est mort pour ce qui nous fait vivre
Tutoyons-le sa poitrine est trouée   25
Mais grâce à lui nous nous connaissons mieux
Tutoyons-nous son espoir est vivant.

Faire vivre

Ils étaient quelques-uns qui vivaient dans la nuit
En rêvant du ciel caressant
Ils étaient quelques-uns qui aimaient la forêt
Et qui croyaient au bois brûlant
L'odeur des fleurs les ravissait même de loin   5
La nudité de leurs désirs les recouvrait

Ils joignaient dans leur cœur le souffle mesuré
À ce rien d'ambition de la vie naturelle
Qui grandit dans l'été comme un été plus fort

Ils joignaient dans leur cœur l'espoir du temps qui vient   10
Et qui salue même de loin un autre temps
À des amours plus obstinées que le désert

Un tout petit peu de sommeil
Les rendait au soleil futur
Ils duraient ils savaient que vivre perpétue   15

Et leurs besoins obscurs engendraient la clarté.

*

Ils n'étaient que quelques-uns
Ils furent foule soudain

Ceci est de tous les temps.

PIERRE EMMANUEL

Soir de l'homme

Ô Chant! une aile ultime à l'Orient des morts
monte, baignant les monts dormants d'une ombre rose:
entends frémir l'oiseau invisible! ô entends
le battement de la fraîcheur frôlant l'abîme

Il s'éloigne déjà, le Génie! et déjà   5
voici qu'entre les lis d'acier – les grands lis pâles
épées qui faneront demain avec le sang –
la Nuit nue, pâmée de lueurs, la Nuit nubile
en tes chairs moites se retourne avec langueur
et noirement s'éveille, hélas! à quel obscène   10
commerce avec l'azur…

          Lente, ses bras puissants
ont ceinturé le ciel sans force: c'est à peine
s'il se débat. Las d'une chaste liberté
il aspire à la Mort entre deux cuisses dures:
qu'au bas du temps l'enfer entr'ouvre ses verdures   15
et tout s'infond en la nostalgie de ce vert…
La Mort le sait, qui se fait sexe et toison tiède
et merveilleusement s'évase – la sens-tu
si glauque en toi? – pour engouffrer le Ciel de l'homme,
ce Mont d'ancien regard et de larme, cet hymne   20
jailli de la poitrine heureuse des orants
des pierres même à qui l'homme enseigna le Chant;
cet Arc, qui soutenu par l'Âme verticale
et cimenté de pur silence intérieur,
fut jeté aqueduc de rêve vers les sources   25
de l'impossible, l'éternelle liberté

dieu fut jadis au creux des mains une eau limpide
au pied des monts sereins où chantaient les pasteurs,

dieu fut jadis la prime alouette de l'aube
née de la profondeur tant désirée des eaux,   30
dieu fut jadis au cœur de l'homme une hirondelle
dont le vol fluide était le dôme du printemps,
dieu fut jadis la courbe ineffable des mondes
que l'homme dessinait au-dessus du destin

Qu'est maintenant leur dieu? Ô liberté! contemple   35
la Terre une dernière fois, avant l'adieu!
Décris très haut un dernier cercle de silence
désigne d'une obscure auréole parmi
le chœur des arbres fraternels, Celui pensif
(lavant son mémorial regard dans les étoiles)   40
qui sent se fondre en l'éther sombre incandescent
sa Face que la Voix façonna du dedans,
une Voix ravageant le monde, et pourtant sienne
car il se reconnaît sans fin dans le tyran

Qu'importe cette Face ou cette marque infâme   45
du sceau dont le démon scella l'homme en sa Nuit,
ce stigmate infligé à dieu sur son Image?
Qu'importe le sabot innombrable du Mal
et la vaste ruée des armées sur la Face,
à Celui dont le vrai visage est profondeur   50
et dont les traits sont l'orbe indéchiffré des astres?

Ô Nuit, Nuit de torture aux somptueux apprêts,
salle voûtée d'horreur qui supportes le monde
Chambre de Paix féroce où rêvent les bourreaux
où le Trépied sinistre éclaire des machines   55
humaines, inventées pour des cris inouïs,
tes bourreaux ne pourront arracher à ce tendre
ni cette bleue douceur à rendre fou l'enfer
ni sa surnaturelle absence au fort du crime
si rayonnante en filigrane dans sa chair.   60
En vain l'acharnement tragique des bourreaux
cherche-t-il des sons neufs sur cette lyre étrange:

il n'en tire qu'un cri effrayant d'espérance
dont la hauteur insupportable fait gémir
l'infinie dureté des voûtes, et déchire   65
les mains suppliciées qui la font résonner.

Encore un vol ridant les nuées, un appel
du prisonnier les yeux perdus dans le haut ciel
au passereau qui fit son nid dans la cellule,
et qui sentant languir le jour pâle des murs   70
s'est enfui par le soupirail au ras des mondes
où le captif s'accroche et crie... mais le vent
geôlier de ronde autour des murs, cingle les yeux
et les lèvres gercées de sang de sa victime
il la force à lâcher prise en suffoquant   75

L'oiseau plonge à travers l'espace à claire-voie
tissé serré par la trajectoire des balles.
Les mains aveugles de la Nuit vers lui levées
battent les airs avec furie pour l'écraser:
gracile azur! tu sens ta gorge de colombe   80
se briser sous ces os sinistres de brouillard...
Et dominant les monts soumis, la mer fouaillée,
les horizons matés sous la gifle des vents,
elles s'élèvent, les paniques! elles fouillent
la chair du songe palpitant de feux à vif   85
et touchent presque à ton éther insaisissable
ô Voile de l'Isis future irrévélée!

Puis, très bas, lasses et vaines elles retombent
la paume vers l'oubli tournée: peut-être un jour
l'oiseau reviendra-t-il boire leurs plaies, l'aurore   90
luira-t-elle à travers leurs doigts, loques crispées,
un homme lira-t-il leurs criminelles lignes
à ces mains nées pour la torture et le plaisir,
ces mains qui dans les chairs ont brassé tant d'orages,
ces mains qui ont sculpté tant de cri dans la Mort,   95
mains de meurtre et d'amour, mains de poudre et de terre,
mains de cadavre immense ou de prostituée.

Les dents serrées

Je hais. Ne me demandez pas ce que je hais.
Il y a des mondes de mutisme entre les hommes
et le ciel veule sur l'abîme, et le mépris
des morts. Il y a les mots entrechoqués, les lèvres
sans visage, se parjurant dans les ténèbres: 5
il y a l'air prostitué au mensonge, et la Voix
souillant jusqu'au secret de l'âme

                                    Mais il y a
le feu sans bords, la soif rageuse d'être libres
il y a des millions de sourds les dents serrées
il y a le sang qui commence à peine à couler   10
il y a la haine et c'est assez pour espérer.

Otages

Ce sang ne séchera jamais sur notre terre
et ces morts abattus resteront exposés.
Nous grincerons des dents à force de nous taire
nous ne pleurerons pas sur ces croix renversées.

Mais nous nous souviendrons de ces morts sans mémoire   5
nous compterons nos morts comme on les a comptés.
Ceux qui pèsent si lourd au fléau de l'histoire
s'étonneront demain qu'on les juge légers.

Et ceux qui se sont tus de crainte de s'entendre
leur silence non plus ne sera pardonné.   10
Ceux qui se sont levés pour arguer et prétendre
même les moins pieux les auront condamnés.

Ces morts ces simples morts sont tout notre héritage
leurs pauvres corps sanglants resteront indivis.
Nous ne laisserons pas en friche leur image   15
les vergers fleuriront sur les prés reverdis.

Qu'ils soient nus sous le ciel comme l'est notre terre
et que leur sang se mêle aux sources bien-aimées.
L'églantier couvrira de roses de colère
les farouches printemps par ce sang ranimés.   20

Que ces printemps leur soient plus doux qu'on ne peut dire
pleins d'oiseaux, de chansons et d'enfants par chemins.
Et comme une forêt autour d'eux qui soupire
qu'un grand peuple à mi-voix prie, levant les mains.

Mourir

La route de la balle est longue jusqu'au cœur
et la route du sang est longue jusqu'aux astres

Toujours la balle et le sang sont en chemin
le sang se hâte à la rencontre de la balle
et la balle aimante le sang par le regard,   5
mais entre eux le néant si pesamment s'ordonne
inclinant à ses lois la lumière à venir
que l'unique trajet du sang et de la balle
se dédouble: dieu futur absurdement
est au point de silence imaginaire où tue   10
la balle et coule à flots le sang, au point où Tu
Te réunis en Te niant courbe inouïe
musique double et une du destin
si vierge de son qu'en est meurtrie l'absence
si noire de pressentiments que je T'entends   15
parfois, en ma plus noire faim la plus niée
de dieu

Le néant me fit corps pour ignorer le sang
âme pour ignorer la balle: que ne puis-je
mourir et refermer mon orbe infiniment   20
oublier d'un oubli si pur que je fus né
et perdre ma mort dans une étendue si claire
que la balle et le sang de toute éternité

soient un, et moi sans nom dans le néant des pierres
avant que rien n'ait commencé après que tout   25
sera fini.

¶

LE ROULEMENT des roues
Les cahots des ténèbres
Les tambours qui s'ébrouent
La lune aux mains de neige

Cinq heures attachés   5
Reprendront-ils racine
Ces arbres arrachés
Au cœur las de nos villes

Paris Nantes Bordeaux
Nos peines capitales   10
Nos vergers les plus beaux
Sont greffés par les balles

¶

Ô CHANSON poignardée
Où les couteaux scintillent

Est-il plus belle tige
Qu'une épée pour un cœur?
En mai fleurit la pierre   5
Pour que ton cœur s'ouvrît
Je lui donnai pour tige
L'acier qui ne fléchit

Il a fleuri tout blanc
Près d'un étang de lune   10
Narcisse ton odeur
M'emplit de nuit le cœur.

¶

POURQUOI VERTE, l'éternité?
Ô douloureuse, ô ineffable
Fougère encore repliée…
Qui n'a senti en lui crier
Les premières feuilles des arbres   5
Ne sait rien de l'éternité.

Près de la fosse

Un soulier d'homme, une sandale de femme

                ...L'esprit se brise
à ces images trop exactes de la Mort,
et le poème hésite au bord du vide: dire
l'œil vague du soulier fixant l'oubli? l'horrible
sauterelle tout près tapie? je ris des mots   5
qui s'épuisent en d'exsangues métamorphoses
devant ces deux déchets ces deux symboles crus
d'un crime dont la terre est encore poissée,
la même pluie qui tue les colchiques d'un jour
ravivant les grumeaux cruels du sang qui dure.   10

ANDRÉ FRÉNAUD

Le départ de Diemeringen

La jeune fille a bouché les trous, le soldat entre,
Encore quelques bouteilles de vin mousseux,
mais les bruits sont plus lourds
sur la crête embrumée où la neige – oh! la neige!
que le bouchon qui part pendant qu'elle est qui tremble,   5
sous mon corps ou bien où? oh! la neige et la mousse
et la mer en l'auberge!

Tonneaux débondés, vin coule et les argents, et la fille.
Il faut rire, et il n'est pas demain.
Patatras, faïence aux couleurs bleu blanc rouge,   10
tout le linge entassé dans l'odeur de lavande.
Les chevaux haletaient dessous le harnachement.
Ils broutent la planche à pain et le noyer.
On va partir, on part, le chevalier au milieu de nous.
Déjà les fourgons entrent dans la chapelle.   15
Je m'étends dans un trou, dans la terre et la pierre,
le vent et les oiseaux et les éclairs autour.
On est parti, on part. Adieu à la fille d'Oscar Müller.

Brandebourg

À Daniel Engelbach

Le Margrave de Brandebourg m'a fait trier du sable
dans les pins
pour le cœur de la Bétonneuse,
et mon sang de ciment battait jusque dans mes songes.
Les grandes murailles s'éclairaient au lever du jour,   5
et le soir les bouleaux se promènent comme des flamants.
La cigogne est partie du clocher de Quitzöbel,

qui passera au-dessus de mon pays ravagé,
panoplie de chevaux morts et des larmes
qui n'ont pas fini de mûrir   10
pour devenir la perle qui nous rachètera,
au-dessus de ma vie qui m'attend
et qui est morte
en Bourgogne et à Paris.
Et Notre-Dame s'est tournée vers moi et me sourit,   15
qui est l'aînée de nos fiancées.
Je suis sur ma pelle, tendu vers le couchant,
le sable coule de mon visage.

Les rois mages

À Antoine Giacometti

Avancerons-nous aussi vite que l'étoile?
La randonnée n'a-t-elle pas assez duré?
Réussirons-nous enfin à l'égarer,
cette lueur au milieu de la lune et des bêtes,
qui ne s'impatiente pas?   5

La neige avait tissé les pays du retour
avec ses fleurs fondues où se perd la mémoire.
De nouveaux compagnons se mêlaient à la troupe,
qui sortaient des arbres comme les bûcherons.
Le Juif errant peinait, aux, blessures bafouées.   10
Des fourrures couvraient le roi noir malade à mourir.
Le Juif errant peinait, aux blessures bafouées.
ses yeux bleus éclairent son manteau d'épluchures
et le troupeau rageur des enfants prisonniers.

Nous allions voir la joie, nous l'avons cru,   15
la joie du monde née dans une maison par ici.
C'était au commencement. Maintenant on ne parle pas.
Nous allions délivrer un tombeau radieux
marqué d'une croix par les torches dans la forêt.

Le pays n'est pas sûr, les châteaux   20
se glissent derrière nous.
Pas de feu dans l'âtre des relais. Les frontières
remuent à l'aube sous les coups défendus.
Nos paumes qui ont brisé les tempêtes de sable
sont trouées par le charançon, et j'ai peur de la nuit.   25

Ceux qui nous attendaient dans le vent de la route
se sont lassés, le chœur se tourne contre nous.
Par les banlieues fermées à l'aube, les pays sans amour,
nous avançons, mêlés à tous et séparés,
sous les lourdes paupières de l'espérance.   30
La peur haletait comme une haridelle.

Nous arriverons trop tard, le massacre est commencé,
les innocents sont couchés dans l'herbe.
Et chaque jour nous remuons des flaques dans les contrées.
Et la rumeur se creuse, des morts non secourus   35
qui avaient espéré en notre diligence.

Tout l'encens a pourri dans les boîtes en ivoire,
et l'or a caillé nos cœurs comme du lait.
La jeune fille s'est donnée aux soldats,
que nous gardions dans l'arche, pour le rayonnement,   40
pour le sourire de sa face.

Nous sommes perdus. On nous a fait de faux rapports.
C'est depuis le début du voyage.
Il n'y avait pas de route, il n'y a pas de lumière.
Seul un épi d'or sorti du songe,   45
que le poids de nos chutes n'a pas su gonfler.
Et nous poursuivons en murmurant contre nous,
tous les trois brouillés autant qu'un seul
peut l'être avec lui-même.
Et le monde rêve à travers notre marche   50
dans l'herbe des bas-lieux. Et ils espèrent,
quand nous nous sommes trompés de chemin.

Égarés dans les moires du temps, les durs méandres
qu'anime le sourire de l'Enfant,
chevaliers à la poursuite de la fuyante naissance   55
du futur qui nous guide comme un toucheur de bœufs,
je maudis l'aventure, je voudrais retourner
vers la maison et le platane
pour boire l'eau de mon puits que ne trouble pas la lune
et m'accomplir sur mes terrasses toujours égales   60
dans la fraîcheur immobile de mon ombre.

Mais je ne puis guérir d'un appel insensé.

Printemps

À P. A. Bar

Mon grand arbre à qui j'ai promis
tout le miel noir de mes nuits
et les dos avides qui tremblent
sous les eaux lentes du jour,
j'abandonne la boue et les algues   5
où je cherchais l'épée de feu.
Entracte dans la vie profonde.
France est mon jardin qui m'enchante.
Aujourd'hui je suis vert et je saute.
Je m'ouvre à hauteur de mes yeux.   10
Je veux rire comme un jeune pommier.
Petits poèmes qui fleurissez sur mes épaules.

Vainqueur aride

Vainqueur aride,
tu n'emportes pas mon sol,
le poids des morts accroche
la terre vieille et tendre.

L'avenir te sourit,   5
le passé le pourrira,
le doux humus de nos pères-grands
ne gonfle vie qu'à nos ramures.

Les tours blessées se gardent
dans le cœur des enfants,   10
tous nos vieux morts s'étirent
à la voix de nos corneilles.

Vaincu mal fécondé,
par l'airain dans la chair,
par les gestes des pères   15
je charmerai demain.

Figures sur le navire

Prenez garde à la fausse gaieté des morts
lorsqu'ils avancent vers vous leurs gros rires.

Tas des morts qui s'avancent, qui s'avancent,
flottille noire et lanterne de proue
et proue hurlante qui s'avance,
et je ne les reconnais pas,
proie des lueurs de la tombe,   5
lamproies qui s'éclairent seules pour ne pas nous distraire,
lampions vides.

Regardant au travers de nos yeux et de nos peaux,
jouissant de leurs jeux de molécules, peut-être,
verdure de chair charriée par les vers, ils se soutiennent,
charogne appendue à la lune radieuse,   11
L'intestin s'enfle par le corps blanc, il fraie.
Des bêtes sous l'ongle du pied se régénèrent
à la belle nourriture aux couleurs nouvelles.
Mais j'ai peur quand ils sifflent, ces gestes mal déliés, 15
livrés à notre vie grêle, guetteurs qui auront vu.

Ils avancent, ils avancent, gueules des morts, les beaux
    fromages,
puant, coulant, couillant, croulant.
En avant, seuls muets qui noircissez
nos cuirs par vos sourires: 20
têtes qui pouffez, lèvres sales: sabres d'abordage,
goules de canon des yeux chargés
contre notre ennemi,
brûlots vers l'avenir oblique lancés,
falots éclairant mal   25
l'envers cauteleux de notre amour.

Assèchement de la plaie

Aux morts

La lune, pas délicate, ne touchait que des choses mûres.
La lune, à force, n'entend plus le chuchotement.

Le soleil a peur des sources rouies des yeux.
Le soleil s'apure au sommeil des évanouis.

Le feu a fait bombance dans les poils et les cuisses.   5
Le feu a fait sa part, il a lâché les cendres.

La terre a récuré tout ce qui reluisait.
La terre s'est requinquée et sourit d'une mousse.

L'eau molletonnée s'empâtait de graisses chaudes.
L'eau se mire, ne rougit plus, glisse, flâne.   10

Le vent a bien flairé que ce n'était pas propre.
Il va, jette les graines, le vent oublie les noms.

Nourritures de la terre

Deux yeux coulés parmi les herbes
ne distraient pas le temps

d'aller à son allure
sans mauvaise intention
et le cœur du pendu,   5
qui s'est arrêté court
repartira tantôt
parmi les fleurs qui sont réjouissance,
puis s'éparpillent.

GUILLEVIC

¶

À GENOUX sous le vent
Qui fait sa confidence
Au gouffre dans le ciel.

À genoux pour qu'il passe et nous voyant soumis
N'en cherche pas plus long.   5

Qu'il n'aille pas hurler
Au fond du bois, à la vallée,

Qu'il nous a vus dressés pour livrer la bataille
Aux monstres protégés

Qui se font dans l'humide   10
Et qui voudront venir
Nous fermer les sentiers.

¶

Ceux qui sont à la pointe
Et vont dans l'avenir
Comme un carrier va dans la pierre,

Sachant que tout ce monde en travail de sommeil
N'est pas le corps tenu   5
Dans la main d'un plus fort qui le garde et le veille,

Il faut leur pardonner jusqu'à la volonté
D'étreindre un jour sur la montagne au crépuscule
Un corps qui les repose

Et l'autre volonté parfois,   10
Dans la durée,

De se fermer les yeux
Sur le bord d'un étang.

¶

Vivre dans l'air avec l'oiseau,
C'était pour d'autres.

    Pour eux c'était le noir
    Comme pour les vers de terre,
    Et gratter les racines   5
    Jusqu'à les écorcher.

    Parfois rêver
    De voir un peu,

    Car voir
    Se fait dans la lumière.   10

Chanson

Les meneurs du jeu
Ont voulu venir

Pour nous étrangler
Rien qu'avec leurs doigts,

Pour nous échancrer   5
Rien qu'avec leur poigne,

Pour nous dépecer
Rien qu'avec leurs yeux.

On n'a pas prié,
On a travaillé.   10

Souffre qui pourra,
Les voilà broyés.

Chanson

Avec le chanvre on fait
Des toiles, des cordages,

Avec le chanvre on fait
La lanière des fouets.

Avec les mains liées,   5
On supporte le fouet.

Vercors

Ô morts trop frais encor pour les vers de la nuit,
Corps jeunes que l'espoir n'a pu fermer aux balles,
Quel sommeil à dormir pendant plus que des nuits.

Bretagne

Il y a beaucoup de vaisselle,
Des morceaux blancs sur le bois cassé,

Des morceaux de bol, des morceaux d'assiette
Et quelques dents de mon enfant
Sur un morceau de bol blanc.   5

Mon mari aussi a fini,
Vers la prairie, les bras levés,
Il est parti, il a fini.

Il y a tant de morceaux blancs,
De la vaisselle, de la cervelle   10
Et quelques dents de mon enfant.

Il y a beaucoup de bols blancs,
Des yeux, des poings, des hurlements,

Beaucoup de rire et tant de sang
Qui ont quitté les innocents.   15

Un tel

Il s'est dit à peine
Que déjà mourir
C'est ne rien finir.

Il s'est dit: Voilà!
Je suis de la proie   5
Qui calme les bêtes.

Il s'est dit surtout:
Je suis cet engrais
Qu'il faut pour après.

Souvenir

À la mémoire de Gabriel Péri

Ce n'est pas vrai qu'un mort
Soit comme un vague empire
Plein d'ordres et de bruit,

Qu'il nous envie
Quand nous mangeons.   5

Ce n'est pas vrai qu'un mort
Soit du sang ou du lait la nuit plus haut que nous.

Ce n'est pas lui qui rit dans l'arbre et dans le vent
Si l'on pleure au village.

Ce n'est pas lui non plus   10
Qui fait tomber les bols quand on tourne le dos
Ou la suie sur le feu.

Ce n'est jamais un mort
Qui nous prend à partie dans les yeux des chevreaux.

Il ne faut pas mentir,   15
Rien n'est si mort qu'un mort.

– Mais c'est vrai que des morts
Font sur terre un silence
Plus fort que le sommeil.

Les charniers

Passez entre les fleurs et regardez:
Au bout du pré c'est le charnier.

Pas plus de cent, mais bien en tas,
Ventre d'insecte un peu géant
Avec des pieds à travers tout.   5

Le sexe est dit par les souliers,
Les regards ont coulé sans doute.

– Eux aussi
Préféraient des fleurs.

*

À l'un des bords du charnier,   10
Légèrement en l'air et hardie,

Une jambe – de femme
Bien sûr –

Une jambe jeune
Avec un bas noir   15

Et une cuisse,
Une vraie,

Jeune – et rien,
Rien.

*

Le linge n'est pas   20
Ce qui pourrit le plus vite.

On en voit par là,
Durci de matières.

Il donne apparence
De chairs à cacher qui tiendraient encore. 25

*

Combien ont su pourquoi,
Combien sont morts sachant,
Combien n'ont pas su quoi?

Ceux qui auront pleuré,
Leurs yeux sont tout pareils,   30

C'est des trous dans des os
Ou c'est du plomb qui fond.

*

Ils ont dit oui
À la pourriture.

Ils ont accepté,   35
Ils nous ont quittés.

Nous n'avons rien à voir
Avec leur pourriture.

                    *

On va, autant qu'on peut,
Les séparer,   40

Mettre chacun d'eux
Dans un trou à lui,

Parce qu'ensemble
Ils font trop de silence contre le bruit.

                    *

Si ce n'était pas impossible,   45
Absolument,

On dirait une femme
Comblée par l'amour
Et qui va dormir.

                    *

Quand la bouche est ouverte   50
Ou bien ce qui en reste,

C'est qu'ils ont dû chanter,
Qu'ils ont crié victoire,

Ou c'est le maxillaire
Qui leur tombait de peur.   55

– Peut-être par hasard
Et la terre est entrée.

                    *

Il y a des endroits où l'on ne sait plus
Si c'est la terre glaise ou si c'est la chair.

Et l'on est peureux que la terre, partout, 60
Soit pareille et colle.

                    *

Encore s'ils devenaient aussitôt
Des squelettes,

Aussi nets et durs
Que de vrais squelettes   65

Et pas cette masse
Avec la boue.

                    *

Lequel de nous voudrait
Se coucher parmi eux

Une heure, une heure ou deux,   70
Simplement pour l'hommage.

                    *

Où est la plaie
Qui fait réponse?

Où est la plaie
Des corps vivants?   75

Où est la plaie –
Pour qu'on la voie,

Qu'on la guérisse.

*

Ici
Ne repose pas,   80

Ici ou là, jamais
Ne reposera

Ce qui reste,
Ce qui restera
De ces corps-là.

PIERRE JEAN JOUVE

Fureur des montagnes

Montagnes inimaginables bleues et glacées
Pleines d'obscurité dans le plus haut du jour
Montagnes de faute et montagnes d'azur
Montagnes d'aromates Libans consumés
Intercesseurs de fièvre et de gloire   5
Argentée
Chute des parois d'Hélène dans la forêt
Merveilleux arrondi des prairies où la mort
Chemine à pas d'argile,
Montagne décharnée par les dents séculaires   10
Entre deux mondes noirs passe désespérée,
Montagnes sœurs de pierre
Montagnes cris légers
Montagne pour qui fut chanté le cantique
Montagne sur quoi le rocher fut ouvert   15
Témoin lourd sous le tableau des destinées,
Quel discours dans le flanc mort de votre terre
Quel orage de lait vous recouvre à midi
Quelle douleur descend de vos eaux aujourd'hui:
Mortels impies que porte la ferraille   20
Par-dessus les flancs purs de révélation
Impunis – par sagesse acquise enfin de la montagne!
Monotone industrie des hommes sacrilèges
Inlassable tromperie d'hommes vous allez vers
Un effondrement final de poussière.   25
Ainsi pleure, je l'entends
La profonde montagne.

Destin

Je connais vos désirs ô puissantes journées
Les jours de cet été seraient-ils les derniers
Ô naturel des feuilles
Ô perfection d'être
Acquise, malgré tout le scandale accusé   5

Malgré les pertes sombres de douceur
D'êtres féminins et de villes chantées
Malgré le désespoir du temps, la confiance
En Dieu qui va créer nouvelle
La Liberté!   10

Je connais vos soupirs et vos vieilles erreurs
Où je naquis pour la tristesse de la gloire
Je connais vos dangers sacrés
Je les aime et consens au cœur de votre guerre.

¶

LA MESSAGÈRE d'un amour futur
S'est avancée: elle ouvre un gouffre noir
De la très noire porte et elle entend
Venir et revenir les oiseaux destructeurs

L'ennemi est partout dans l'espace et le cœur   5
Quel âpre ennemi celui du voyageur,
Cette nuit, errant dont les pieds désespèrent
Du sol de la lumière et de la terre!

C'est dans l'effort de plus intime nuit
Que je concentre un pas limpide et m'affranchis   10
Dans l'horreur et vers les animaux très clairs.

¶

AI-JE PERDU les biens de la patrie
Ai-je perdu l'honneur avec ses chaînes
Je ne veux pas t'aimer moins que mes haines
Terre! mais je n'ai plus de terre dans ma vie,
Tout enchaîné de terre; je me garde   5
Pour un autre; et quand la liberté hagarde
Reviendra de douleur sauvage, j'aurai fui
Plus loin dans la terre où la terre n'est pas terre.

¶

NON-VIE est une vie
N'est pas vie tout ce qui a la vie
Est vie ce qui n'a point conservé vie

À présent que la chair est atroce et survie
Par trahison, reprends cette demeure   5
Sereine où le Rien sombre est le Tout de la Vie.

Ruine

Nous les morts prolongés respirant à l'étage
Le plus haut de cette ruine de la mer
Nous regardons la mer qui brasse dans la vague
Prolongée et diurne et nocturne et amère
La faute nue du peuple impardonnable.   5

Ah coutumes des morts logés dans la ruine!
Tandis que prolongés encor par l'épaisseur
Ils mangent les débris, le vent de la famine
Aux trahisons douleurs ajoute un ciel de fer,
Jusqu'aux monts de la mer et d'une beauté vile.   10

Fermez le monde ainsi qu'un papier de police
Sur les âmes très vraies et pures de la guerre,
Montagnes de défaite! emplies de ces détails
Meubles, travaux perdus, femmes mortes et fêtes

Entretiens anciens, spirituelle terre,   15
Mesures des vieillis escaliers des siècles,
Corps excavations de la douceur bien blonde,
Maison de Meryon, aux cloches très profondes.

Et tombeau déguisé sur le sol de la mer
Regardons-nous: ces chambres sans honneur   20
Ne sont plus que les os de poussiéreuse chambre
Et passent les nuages
De pestilence au cours des corridors secrets

Et les pans de muraille ainsi que bombardés
Sont suspendus dit-on à l'air de la misère   25
Minute de l'excès d'écroulement suprême!
Tandis qu'en le caveau sous les pieds de la terre
Dort la Croix, à ce temps inclinée par la haine.

Angles

Le soleil illumine un Sinaï lugubre
Et renaît sur l'étouffement des nations
Aux boulevards sanglants il enlève les brumes,
Que de têtes roulant aux feux du peloton!

Car nous avons choisi le fort parti des anges   5
Qui sortent de la profonde île d'ouragan
Et volant de partout répandent sur les fanges
Le poids d'acier mystique et les destructions.

Et dans l'apocalypse l'habitant léger
Devra servir les anges de punition   10
Pour dormir avant l'aube il habitera nu
Les quartiers d'incendie, pour être débandé

Des armées du démon
Il enfoncera bien de son cœur à l'azur
Le clou de charité   15
Et il le maintiendra extrême noir et dur.

Les steppes et le chant

Ô ombre du réel, apparition, Muse!
Et toute sanglante
Création de larme et de poussière
Massacre réel fais entendre ton chant

(Lâches armées percées de nos très vieilles zones,   5
Silence) dans la soif et le feu comme ils dansent
Ces héros aux terres rouges glorieusement
Où tout meurt du monstre et là flambe et s'étonne

Travail nu sans pitié, mécanique de terre,
Bataille sous le poitrail de la bataille,   10
Ciel rongé sol flambé la mortelle rivière
La source empoisonnée!

Que je puisse mourir en eux priant léger!
Et chantant en mourant
De leurs chants aux dents blanches.   15

Ode funèbre

*Sur trois hommes morts torturés
qu'ils n'ont pas permis de revoir*

Le paysage est incroyablement immense
Sans fond comme la force immense
                              et le ciel plus immense
Allant de nos yeux à la mer
Les plis n'ont de douceur avec immensité

Les montagnes sont d'immense bleu   5
Les routes sont chargées des plus longues pensées
Et d'immenses majestueux arbres sculptés sur la terre
Font ombre avec un doucereux travail d'été
Les fleuves n'ont point de terme ni de jeu
Sinon la grandeur près des villes d'architecture   10
Les oiseaux passent immensément sur des flots bleus
Et cette immensité regarde orientée
Car ses yeux et ses mains s'en vont vers l'orient
Car ses montagnes se meuvent anciennes et sans nom
Car ses pensées se sont longuement illustrées   15
Car elle a lointainement versé le sang sage
Car son immensité fait un profond voyage
Et une inclinaison sauvage que nul n'a vue
A fait pousser ses belles villes poudreuses d'or
Dans un succès sévère et qu'ils n'ont jamais vu   20
Tant la réussite était d'or ils ne l'ont point vue
Tant ces immenses choses maîtrisaient
Le voyageur et nul n'a su comme elle était
Splendeur d'immensité dans de fines terreurs.
Ce qui se passe est un miracle. Ô terre longue!   25
Elle a compris l'autre secret de sa splendeur
Elle a dit sans fin sur les villages
Elle a pensé sans nombre dans les forêts
Que cela soit enfin! et que l'abîme enfin
Soit mon abîme à moi descendant vers la terre   30
Pour la grandeur de mon immense paysage
Qu'il soit ainsi immense et très obscurément
Splendide après avoir été naïveté de la lumière
Qu'il soit larme et infiniment larme et larme immense
Sous la beauté des berges et des arbres   35
À la porte attendrie et seule des cités
Dans la lumière encore avec l'éternité.

Ravissement

Le temps et l'homme ou l'ineffable devenir!
Ils font échange de mitraille et de spirales
D'incendies déroulés de longs cris dans la mer;
La lutte est nue, jamais la défaite totale

Et jamais la victoire ou l'amoureux éclair   5
De ce que l'homme a vu dans le dieu de son âme,
La guerre durera jusqu'à la fin des chairs
Tout est réel, pas un mensonge à cette flamme.

JEAN MARCENAC

Dire non

D'un jour à l'autre on a tendu
Le fil de l'eau Le fil de la vie et du jour
C'est le fil même d'un regard
Bien posé sur la terre infecte

Ce que perd à tout coup cet homme insoupçonnable   5
Ce qui crie aux mains du malheur
Cela n'est rien

Ils ont beau jeu à faire la nuit sur nos rêves
Beau jeu de mort sur nous vivants
Entendez-les   10
Ils sont les maîtres

Mais qu'ils prennent garde au regard
Que nous avons les yeux fermés
À la place obscure où se lève
L'oiseau inexistant échappé à nos cœurs   15
Naît l'homme qui juge les juges

Il les condamne.

Domaine

Pays de pierre Sans une croix
Pierre prise au ventre des rois
Terre incertaine Terre lourde
Les meilleurs de tes fils sont étendus sur toi
Leur visage et auprès du visage de l'herbe   5
Leurs yeux ont émigré vers tes puits

Et leurs lèvres
Sont à jamais collées à celles du charbon
Ils attachent leur bouche à cette bouche d'ombre
Ils écoutent leur vie à cette profondeur   10

Plus haut les gens riaient
Ils attendaient qu'on organise une autre fête
L'avenir s'échappait entre leurs doigts de laine
Et la nuit se faisait de la terre à leurs yeux.

Voici leur tour d'être traqués

La nuit même s'était découragée à les attendre
Ils désolaient jusqu'à l'amour
Un seul ciel Un seul cœur leur servait de miroir
Entre eux ils le nommaient miroir de nul visage
Ils riaient des sculpteurs   5
Écrasaient en chantant la figure des hommes
Et voulaient rester noirs même devant la mort

Mais un jour est venu où s'endorment leurs anges
Fusillés dans le dos contre un mur de néant
Ils tombent de leur ciel et se réveillent hommes   10
À chercher dans la peur et la terre saignante
Un masque pour boucher le vide de leur face

Ce masque même je l'arrache
Ni leur vie ni leur mort ne méritent un nom.

Eux

Quand ils agrafent leur manteau
Un vent froid passe dans nos salles
Quand ils bouclent leur ceinturon
Tintent les clés de nos prisons
Quand ils ont claqué les talons   5
Nos yeux se baissent sur la honte

Il n'est de pur entre eux et nous
Que cette main qui les menace.

Mort à nos ennemis

Ils ont un dos pour le couteau
Ils ont des yeux pour ne pas voir
Une tête pour oublier
Tout ce qui fait notre misère

Rien ne se lève quand ils parlent   5
Leurs mots sont perclus Et leur souffle
Ternit nos miroirs Nos images

Ce qu'ils ont de vivant en eux
S'est élevé contre la vie
Les signes qu'ils essaient de faire   10
Comme ils n'ont servi que la mort
Elle seule peut les comprendre

Et le cri qu'ils ont en tombant
Est celui qu'attendait l'aurore

Il la délivre.   15

Les traîtres se trahissent

Ceux de nos ennemis qui parlent notre langue
Et qui sont nés sur notre sol

Ils sont plus seuls chaque saison
Ils sont plus seuls que de raison
Le ciel Le jour les abandonnent   5
Ils vivent dans un horizon
Où le regard a fait naufrage

Ils n'existent pas à nos yeux
Dans l'invisible de la haine
Ils n'ont plus la moindre épaisseur   10

Leur mort ne fera pas de tache sur la terre

Ils ont perdu jusqu'à leur ombre
À vivre à celle de ces arbres
Auxquels le peuple les pendra.

L'agent de liaison

Le cœur dur La tête en armes
Il échappe à l'ennemi
Son pas efface les rides
Son feu pur sèche les larmes
Et son éclat rend le sien   5
Au visage de la vie

Le cœur dur La tête en armes
Il traverse le pays

Les sauvages chasseurs d'étoiles
Sans méfiance Laissent passer   10
Ce voyageur sans bagages
Qui porte leur défaite et leur mort dans la tête.

La mémoire des morts

J'ai le sommeil léger des condamnés à mort
Ceux qu'on a tués hier m'empêchent de dormir
J'allège le sommeil Je condamne les morts
J'abandonne à la mer mes amis du naufrage
Et je les mêle à ma colère que j'oublie   5

Gèle Sommeil léger des condamnés à mort
Je perds avec mes morts la mémoire des mots
Le temps est-il si loin
Où nous vivions comme eux

Il faisait une mort à réveiller les morts   10
Le bourreau te prenait la main
Il jetait ton cœur pur dans la profondeur noire
Tes yeux trop clairs pour voir se fermaient sur la nuit
Ils préféraient au jour ce néant sans entraves
Le ciel était absent   15
Et la colère et la vengeance allaient de soi

Condamne donc les morts et sommeille léger

Mais que vous êtes lourds mes morts de Liberté
Et comme votre poids nous tire à reculons
Si le monde s'endort sans chercher à vous suivre   20
Jusqu'à la plage vide où vous nous rappelez
Le sang versé pour le réveil d'entre les morts

Et la colère et la vengeance qui s'oublient.

LOYS MASSON

Poème pour Paula

J'ai appelé votre nom entre les noms de Christ et de
l'églantier
J'ai entendu à cadence large respirer l'aubier des chênes
quand vous veniez
    sur le songe des bergeries;
Les pâtres au poil roux priaient la bouche dans la toison
des agneaux
Je vous ai prise à l'herbe étale, aux roseaux des étangs, aux
flaques quand tisse l'araignée d'eau   5
Votre souffle laisse un nuage de semences sur le soleil
levant
    vos mains sont les champs où rêve le sorgho.

Des hommes vont en troubadours, ils enchantent les
châteaux sur les lents miroirs des douves
    les châtelaines aux longues hanches dorment tendrement
dans leur cou;
Des hommes aux genoux de musique gravissent les ton-
nerres vers Dieu   10
    pas à pas, le front glorieux et le tonnerre dans leurs yeux
écarquillés
    —Mes genoux à moi sont genoux sur les moissons, je vais
avec vous par la grande terre
    d'un côté de vous sont les romarins, de l'autre côté les
jachères
    la bruyère croît sur mes souliers.
Je vais une longue route et toujours elle tourne entre vos
bras   15
    J'entends grincer les roues des chars et la ronce grandir
aux chemins des bois
    où sanglote l'égaré

J'entends l'appel des chasseurs mourir aux pieds de Christ
en loques rouges
   qui garde la biche blessée.
Je descends vers les marais, je nomme votre visage caché
sous les ajoncs   20
   la forêt sonore des haches des bûcherons est là-haut
   le soir guide entre vos doigts la spatule et le râle d'eau
doucement
Mes frères au dos déchiré émergent du brouillard de votre
dos.

Le proscrit lutte et saigne dans votre épaule. J'entends
l'Inquisition dresser son gibet sur les reins de l'aube
   J'entends l'Ordre faire un hochet du sang, de sang tacher
sa robe   25
   J'entends tout ce qui souffre, tout ce qu'on frappe, l'enfant
avec le vieillard, le captif avec l'aède
   J'entends Jésus porter sa croix et Simon de Cyrène qui
l'aide
   J'entends l'innocent qu'on tue et le martyr au cilice de
liberté couché dans les blés drus
   J'entends l'abeille distiller pour le traqué au fond des
jardins perdus
   J'entends Paris silencieuse fourbir une trompette d'argent
sous l'opprobre   30
   J'entends la mer se lamenter aux écueils quand le Crime fait
appareiller ses flottes
   J'entends la faim, j'entends la soif, j'entends la haine, je
vois le nu des chairs sous un horizon de balafres
   J'entends la nuit glisser au gouffre des nuits et le soleil à l'est
se mettre en marche
   Votre sang bat – oh laissez-le battre! j'entends battre l'appel
aux armes sur mes remparts
   et mon peuple qui s'adosse à ses morts, qui assure dans la
nue son regard.   35

   Vous êtes venue, il faisait un temps d'anémone au temps où
nous nous sommes connus

Le village allait à vêpres avec ses fontaines et ses petites
rues chaque dimanche
    le ciel portait en bleu sur ma mère en coiffe blanche...
Mais ma mère de détresse a les poignets ouverts et mes
villages gardent les yeux clos sous leurs béguinages.
Le sang lourd des libres a rougi l'or de mes blés; comme
une levure   40
    je le vois sur les prés boursoufler mes printemps
    Je vois les cimetières trop pleins dégorger dans les rivières
jusqu'à l'embouchure
    vers la mer où croise le goéland.
De barbares chasseurs habitent mes luzernes disposant
leurs appeaux sous le chant de mes tourterelles – ils les
attachent mortes aux dentelles de leurs fiancées;
    L'ombelle ne frissonne plus où frissonnait l'ombelle   45
    Des larmes gouttent des haies devant les attelages fourbus
    qui traînent battant aux ridelles aux essieux les chaînes du
vaincu.

Ma patrie c'est vous où ma patrie respire. J'entends se
répondre les samares
    à la lune de mai et la sarcelle couver l'été sur les mares
    Je vous entends – votre voix pleure dans les ajoncs noirs,
elle pousse mes fleuves entre les berges douces d'autrefois.   50
    On peut venir jusque sous nos toits mettre à trépas nos
hirondelles
    On peut ensanglanter le gazon sous l'oiseau des bois qui
trille chaud d'immense soleil
    On peut abreuver d'infamie cette terre entre toutes les
terres terre du sang vermeil:
    Galérien je serai si dans la galère est entravé mon pays
    S'il rame sous les coups je ramerai   55
    Mais vivant de vous et me souvenant de vos bras où j'ai
dormi
    sur mes paysages inviolés.

Paula c'est le soir lentement et les mêmes clartés, l'Aigle
et la Lyre et le Berger et Véga

Gardez-moi de la malencontre des chacals qui hantent le pays bas!

Je vous aime. De vos mains sur mes mains glissent les ciments d'une cité   60

où l'homme est frère de l'homme et berce dans le froment la liberté:

Mes morts y sont assis autour de grandes tables, autour d'autres tables sont mes camarades vivants

– Et les saisons secouent des pollens sur les brandes.

Otages fusillés à Châteaubriant

Octobre 1941

Ils ne s'en sont pas allés dormir dans la luzerne deux à deux comme des ouvriers fatigués

Seigneur, et leurs yeux par vos étés ne deviendront pas ces colchiques des yeux morts ordinaires

fermés; les yeux des fusillés sont poudre sèche et ferment.

Ah coulent les nuages et l'automne blême et rotent les traîtres sur leur écuelle de sang français!

quand Pilate se dédit la Résurrection déjà heurte de son poing d'étoiles   5

le front de la vieille Judée…

Octobre au cœur ouvert pousse ses morts et ses feuilles en longs voiliers

et pousse et traîne la vie.

Mais l'odeur du sang innocent à jamais sommeille dans la chair des femmes d'ici

Et il y a un astre rouge sur notre amour.   10

Le tyran peut dresser jusqu'au ciel ses cathédrales d'épouvante

et à tous les carrefours donner chaque soir son bal pourpre,

il ne fera pas tomber ces paupières que l'horreur retient écarquillées

tremblantes au vent d'aube et de meurtre,

Par-dessus les épaules des bourreaux les yeux victimes
éternellement le fixent   15
   sur les branches de la croix
   quand octobre déchiré entre les faisceaux crie Christ Christ.

Christ
   dont les mains sont de sang pour toucher le sang
   Celui qu'on vit aux matins de Châteaubriant se pencher en
multipliant son suaire   20
   tandis que la Bête frappée déjà rougeoyait à l'horizon.

¶

PARIS en larmes Paris éclaboussé Paris Véronique
Paris où la Face s'essuie à des trottoirs sanglants comme elle
Paris où l'Étoile est un cri d'échaudé, doux Paris stoïque
Paris veuve et mère comptant ses morts le soir à la chandelle
Paris du couvre-feu Paris-ès-liens Paris des piloris   5
Paris dont la voix n'est qu'une tache de sang sur un bâillon
Paris aux pieds nus Paris sans cartouches Paris ô Paris
dont on dira que Liberté s'y battit maison par maison.

¶

UNE FEMME dit «ne nous parlez de vos morts» et ne voit pas
leurs corps de douceur irradiant aux fenêtres de nos maisons
leurs yeux au fond des puits, leurs empreintes sur le vent,
   les grands bois
comme des chiens se coucher à leurs pieds, les bénir
   les saisons…
Nous trouverons la vraie patrie où leur regard comme
   la pierre   5
d'une fronde a porté. Ah! que les geôliers au seuil des
   prisons
rient aux ténèbres! Les morts oui sont morts. Mais ils
   passent dans l'air
Ils disposent pour les traqués de verts affûts sous les
   buissons.

¶

Ô MA PATRIE pardonne-moi, ce soir mon coeur rêvait sur
      l'eau
du fleuve, je n'ai pu oublier tout à fait mon coeur d'enfant
Lorsque les péniches défilent lourdement à contre-flot
je fonds en douceur, je ne sais que me garder la tête au vent
comme un marin qui se souvient, je ne sais que tirer   5
      sur l'ancre
d'un vieux désir d'amoureux au fond de moi – ainsi qu'un
      bateau
qui va suivre sa course à l'infini entre deux rives lentes
de grands boeufs de jardins de prairies sereines et de
      coteaux.

¶

CE N'EST PAS en rêve qu'il pleut, c'est l'automne
      sur nos régions
Ce ne sont pas les anciens morts mais les morts frais
      dans la bourrasque
cadavres rompus venant flotter aux lieux de flagellation
martyrs de mes cent villages, soldats sans fusil dont le casque
était de pâle écume. Mais la pluie c'est la résurrection   5
des morts, et je les vois s'imbibant de cette eau
      qui est victoire
rejeter au chenil les meutes de l'ombre. Sur l'horizon
déjà la liberté sauvée sécrète la nacre et la moire.

¶

POUR QUI SAIT regarder, ta fleur c'est l'œil d'un mort.
      Il nous clignote
un étrange message d'amour du fond bleu de l'au-delà
Et c'est mon père ou bien l'un de mes camarades ou
      quelque autre

de ces morts couchés de long sur ma vie. Te voici ma famille
Fleur à cause de ces yeux montés dans ta sève. Ton pistil   5
me confesse de mes silences de mes prudences redresse
une hampe au fond de moi qui s'inclinait. Ô plante terrestre
Plante qui fleuris juste exprès parmi cette aube maladive
de défaites de renoncements de grandes frayeurs collectives...

Les mots État Français remplaceront
République Française

Nos villes sous les pas du barbare se sont
creusées profond, comme en un caveau de famille
je recompte les os de mes frères. Prisons
où le sang de mille martyrs s'égoutte et brille

entre les bottes des soudards, clairs horizons   5
ployant sous les gibets, otages qu'on fusille
héros traqués fauchés ainsi qu'une moisson
Telle va ma patrie... Mais l'Étoile scintille

déjà glissant des brumes douces du Volga
vers mes villages envahis, l'étoile-mère   10
rouge du sang rouge de ceux qu'on égorgea;

Pour chacun que massacre en ses geôles l'État
Français, c'est un soviet qui monte à la lumière
vainqueur ensemençant de justice ma terre.

Ils viennent jusque nos bras...

L'Histoire dans son van mêle dates et lieux
et sème, reins cambrés, haut par-dessus sa tête
Que nul ne dise tel grain fit tel fruit glorieux
Comme Jésus l'aurore naît où elle peut
– peut-être d'une détenue de la Roquette   5
à Paris qu'on torturait en quarante-deux.

Tombeau de Gabriel Péri

Nous serons tes enfants que chaque printemps ramènera
sous des charges de miel oindre de printemps nouveau tes
 bras
Nos femmes sur les routes tresseront en voiles de veuve
 la poussière
Nos enfants te parleront tranquilles à travers ta châsse de
 pierre
comme à un grand saint étendu qui les regarde. 5
Loin on entendra respirer les oiseaux dans les arbres.

Nulle fleur de marbre, nulle couronne, nul encens
Mais des plaies du Christ dans les nuages bas, son Sang
coulant goutte à goutte sur ton sang.

FRANCIS PONGE

Le platane

Tu borderas toujours notre avenue française pour ta simple membrure et ce tronc clair, qui se départit sèchement de la platitude des écorces,

Pour la trémulation virile de tes feuilles en haute lutte au ciel à mains plates plus larges d'autant que tu fus tronqué,   5

Pour ces pompons aussi, ô de très vieille race, que tu prépares à bout de branches pour le rapt du vent,

Tels qu'ils peuvent tomber sur la route poudreuse ou les tuiles d'une maison... Tranquille à ton devoir tu ne t'en émeus point: 10

Tu ne peux les guider mais en émets assez pour qu'un seul succédant vaille au fier Languedoc

À perpétuité l'ombrage du platane.

Sombre période

Quand après un long temps de songerie funèbre la pluie battant soudain jusqu'à meurtrir le sol fonde bientôt la boue, un regard pur l'adore: c'est celui de l'azur ragenouillé déjà sur ce corps limoneux trop roué de charrettes hostiles dans les longs intervalles desquelles pourtant d'une sarcelle à son   5
gué opiniâtre la constance et la liberté guident nos pas.

La métamorphose

Tu peux tordre au pied des tiges
L'élastique de ton cœur
Ce n'est pas comme chenille
Que tu connaîtras les fleurs

Quand s'annonce à plus d'un signe   5
Ta ruée vers le bonheur
....
Il frémit et d'un seul bond
Rejoignit les papillons.

Détestation

Pour quel dérèglement
Toute action détestée

Par quel détournement
D'usages criminel

Les sabots dans la rue   5
Tintant comme du verre
Me brisent-ils le cœur

Les wagons s'attelant
Trinquent avec l'enfer

Baptême funèbre

RENÉ LEYNAUD, *journaliste et poète
d'origine ardéchoise, blessé et arrêté
par la Milice, livré aux Allemands,
emprisonné au Fort-Montluc, en a été
extrait le 13 juin 1944 avec dix-huit
autres patriotes et fusillé dans la cam-
pagne lyonnaise. Son fils Pierre était
âgé de deux ans.*

Vivant LEYNAUD et présent parmi nous sans doute n'était pas
parfait mais par un ensemble de qualités d'une harmonie
(d'un naturel) et d'une grâce décourageantes préfigurait
pour nous au plastique une idée de la perfection telle qu'elle
provoquait une certaine raréfaction des paroles.   5

Momentanément absent lorsque nous parlions de lui nous
ne savions non plus rien en dire sinon quel merveilleux
garçon peut être.

Si bien donc qu'aujourd'hui qu'une absence plus longue
nous est infligée ses amis survivants entre eux se proposant 10
sa mémoire et moi pour me joindre à eux quittant la grotte
où se donne cours une manie trop pétrifiante dit-on pour que
j'ose y convoquer l'homme,

FACE À UN TEL SUJET QUE PUIS-JE?

Oh cette fumerolle ce point d'interrogation, Oh déjà par 15
ce JE suivi de sa fumerolle ce léger empuantissement de
l'atmosphère Oh FACE À UN TEL SUJET comme si je faisais
partie du peloton ennemi.

Mais ressaisissons-nous.

Les oiseaux qui s'envolèrent au bruit des douze fusils se 20
reposèrent plusieurs fois ensuite au milieu des mêmes
dangers.

Oui rassérénons-nous. Et réprimons enfin ce tremblement
devant les paroles.

Le ciel ne tremble pas tous les jours à toute heure comme à 25
midi l'été sur les pierres sèches.

La lavande à chaque printemps refleurit.

Le petit Pierre grandit bel et bien.

Et les ruisseaux de l'Ardèche comme ceux de notre langue
maternelle coulent et couleront toujours.   30

AINSI qu'aux Lieux Communs ces vérités redites SOIT-IL et
il suffit que ma bouche en décide par tout un chœur d'amis ICI
RESSUSCITÉ:

TANDIS QU'APRÈS LA SALVE PAR LEURS FUMEROLLES SEM-
BLANT DIRE QUE PUIS-JE LES CANONS DES FUSILS HORIZONTAUX   35
S'INTERROGEAIENT ENCORE TU ÉTAIS TOI DÉJÀ ET POUR TOUJOURS
AU PARADIS DE NOS MÉMOIRES PUR HÉROS IMMÉDIATEMENT RENÉ.

PIERRE REVERDY

Le fil de feu

La terre file à son déclin
La terre est pleine de poussière
Des lumières bleues du matin
Aux étincelles du cratère
À la prunelle chaude qui dévide son dard   5
Aux paupières fardées de rêves qui s'effondrent
Une boue d'illusions déborde le trottoir
Dans la détresse des mains
La parole vide qui pend
Le vase creux où macère le cœur   10
Tout mon sang comme du vinaigre
Sur la corde à nœuds du malheur
J'avais pris toutes mes mesures
Et je dors maintenant jusqu'au nouveau signal
Dans le tunnel coupé de fausses ouvertures   15
À la nuit lourde pleine de cruautés
De lâches douleurs qui m'attendent

Le silence qui ment

Attends attends
Placide dans la fumée des torches
Le souffle déchaîné que rythme la tourmente
Une traînée de grains pleins de vie sur le sol
Comble peu à peu les ornières   5
Il crie le vent qui change ses ressorts
Dans la course éperdue des destinées conquises
Noir ou blanc
Mais il est rouge au front
À l'intérieur du ciel où l'on chauffe la forge   10

Attends le moment de tordre ton bâillon
La bouche est faite aussi pour mordre
Pour baver et boire la sueur qui creuse des sillons
Pour rire pour mentir
Pour chanter ta délivrance   15
Rose et fraîche comme une cicatrice
Elle était plus belle qu'avant
Mais elle ne savait plus quoi dire

Prison

Je me suis pris à l'aile exquise du hasard
J'avais oublié de le dire
J'avais perdu le sens de la distance
Dans la débâcle du présent
Serré dans les filets rigides de la raison   5
Étouffé de forces précises
Je tournais sans comprendre autour de la maison
Assis debout perdu dans le délire
Et sans mémoire à remonter aux limites obscures
Plus rien à conserver dans les mains qui se brouillent   10
À retenir ou à glaner entre les doigts
Il n'y a que des reflets qui glissent
De l'eau du vent
Filtres limpides
Dans mes yeux   15
Et le sang du désir qui change de nature
Des images
Des images
Sans aucune réalité pour se nourrir

Aube sinistre

J'ai retrouvé l'île natale
L'archipel des mots libérés
Le sens le plus cruel des gestes furtifs

Dans l'ombre où la crainte se dissimule
Derrière le rideau mouvant de la pensée   5
À peine le dessein perçant sous les gerçures
Un doigt de miel sur les lèvres ourlées
Le grognement du ciel tard dans les encoignures
Où se cache l'absence d'un amour étoilé
Figure du retour sanglant à main remise   10
Désastre d'un destin tardivement éclos
Navire fracassé à l'angle des banquises
On joue à qui perd gagne sur les mots
Et sur le sol de sel durci à la lumière
Fatigué de t'entendre écouler tant de pleurs   15
Fleurs du matin roussi
Cœur dans mes mains de cendre
Dunes mouvantes du désert

Sous le vent plus dur

Pour apaiser les soubresauts de la famine
Voici la neige incandescente
Le pain blanc
Tige à tige les gerbes de la mer s'alignent
Il n'y a plus au sol d'étendue ni de vivres   5
Le ruban de la liberté
Une tête sans front un cœur nu sans orgueil
Homme surfait de sa haute stature
Patience des nuits des jours sans abandon
Il a les yeux perdus aux ouvertures   10
Sur les avenues de métal
Mais les aveux lassés sauvés de la torture
Les louanges perfides dans le clair-obscur de la parole
Sous la lame ébréchée d'une langue peu sûre
Un abîme comblé de hontes mal connues   15
La joie est dure
La pensée se disperse au souffle du courant
Les tombeaux refermés
Trésor du monde trop pesant

Temps de paix

Quand la voix du matin chante à chaque portière
Plus claire à chaque coude du refrain
La faux qui trace ses chemins dans la lumière
Les yeux remis à sec
Dans le clair-obscur des pentes du chagrin   5
Un coup de reins plus sourd
Une main plus agile
Qui tient de la révolte débordant son vaisseau
La voix libre la voix tonnante et métallique qui s'étire
Autour des incendies limpides   10
Des flammes affamées
Des rafales de joie
Des dentelles de mains dressées dans le délire
Navires démâtés aux océans de peur
Et dans les anses plus serrées où le vent crisse   15
Une lame de fond brise dans l'épaisseur
Tempête sans ressorts
Furie remise à plat

LUCIEN SCHELER

Noël à croix gammée

Oiseau sélénien, grand-duc à l'œil mi-clos,
Tabernacle de la densité du repos,
Voici les malandrins — alchimiste du songe —
Et voici les gredins — créateur d'absolu —
Les épines, la lance et le fiel et l'éponge   5
Voici les assassins: les temps sont révolus.
Chenapans, spadassins, dents du dragon semées
Le paysage est bafoué par cette armée.
Des poings crispés sortent de terre. Il pleut du sang.
Le sang éblouissant, le sang avilissant.   10
Jeu de boules dément créant des avalanches
Des têtes cous tranchés dévalent aux ravins,
Les intestins par chapelets ornent les branches,
Des yeux hallucinés constellent les sapins.
La neige devient pourpre et brune. Quelle écume   15
De larmes tourbillonne au vent du devenir?
Grand-duc à l'œil mi-clos envahi d'amertume
Dis-nous que pour revivre il est grand temps d'agir.

L'extrême limite

À Jean Lescure et Raoul Ubac

Les apparences déformées, étirées, l'atôme dissocié,
qu'en reste-t-il à l'extrême limite?

Le cerveau et le cœur laminés révèleront-ils leur véritable
essence à l'extrême limite?

Cet aspect rose et bleu deviendra-t-il dernier râle ou chant
du cygne à l'extrême limite?

La voie lactée déchire son écharpe et Sirius explose à
l'extrême limite.

Plus de volume, plus de poids ni d'erreur à l'extrême limite.   5
  Le chèvrefeuille est un duvet d'eider, et Cléopâtre un peu
de sable fin à l'extrême limite.
  Ophélie, c'est le murmure du ruisseau, c'est la plainte du
vent dans les roseaux à l'extrême limite.
  Âmes d'hommes loyaux sont sur le fond des mers et sur la
surface de la terre, étranges larmes bataviques à l'extrême
limite.
  La quotidienne convention quitte sa peau de pieuvre lisse
et crache sur l'écran des nuits le venin dont sa poche est
pleine.
  L'honneur sans épaisseur et sans couleur devient chauve-
souris octogénaire à l'extrême limite.   10
  Les crocs, les brodequins, les scies, les entonnoirs c'est le
sanglot du juste à l'extrême limite.
  L'ombre de la cellule et l'abandon total c'est la victoire qui
s'approche à l'extrême limite.
  Notre volonté recouvrée c'est un lance-flammes à l'extrême
limite.

  À l'extrême limite le loup criera pitié.
  À l'extrême limite l'ancolie germera dans le terreau des
morts.   15
  À l'extrême limite le sang de nos martyrs chantera sur nos
lèvres.

Bilan

Et des roses dans les coupes
Dans les verres l'Hospice de Beaune.
Entendez-vous les sirènes?
Ô voyant douloureux, ô Montévidéen,
J'ai reconnu le calmar et l'aragne: 5
Ils écoutent le chant des Huns
Ils bavent.
Je vois agir le poulpe

Il pense
Et sa pensée conduit ses tentacules   10
Vers ces quartiers peuplés d'ombres dolentes
Qui patientent le jour aux portes des boutiques,
Qui rêvent la nuit à des poupées sans bras.
Je l'entends qui murmure:
«Femme de prisonnier   15
Tes seins pour moi distillent
Un hydromel mélancolique,
Vieillard que tourmente la faim
Ta gorge grise et tendineuse
Est douce à mes ventouses.»   20
À son tour l'araignée susurre:
«Moi, j'ai givré le ciel.
Dans ma toile d'acier la ville s'affaiblit.
Les enfants des faubourgs,
Dont j'ai rongé la nuque,   25
Glissent le long des toits.
Leurs doigts restent, crampons sans force,
Aux rebords des gouttières,
Leurs crânes sonnent sur les trottoirs,
Et leurs yeux feux-follets se noient   30
Dans les ornières.»

*

Béats les Huns déambulent.
Un orifice, un seul, le seul de leur visage,
Un orifice éructe: «Moi.»
Et les pavés soufflent au vent: «Bientôt.»   35

Police
(Quartier Champerret)

Adorable clarté de l'aube, jour après jour, et toujours
adorée. Les cheveux de l'enfant jouaient dans la lumière, la
mère préparait la soupe du matin.

À la porte qui frappe si tôt? Le cœur se fane à la voix du bourreau. Les ombres massives franchissent le seuil. Le 5 plancher se dérobe, les murs cherchent à se rejoindre et se lézardent.

La mère a pris dans ses bras son petit et s'est jetée par la fenêtre.

Qui perd gagne

Pérennité des crimes: victoire des vaincus; victoire des élus: l'oubli s'est détourné. Par leur mortier d'os, de sanies et de sang broyé dans le gâchoir des camps les bâtisseurs du temple de mémoire pestilent ont assuré pour mille ans sa durée, et des fragments de chair de leurs victimes nous ont 5 éclaboussés. Rescapés et bourreaux s'écroulent dans la crypte, jour après jour, pêle-mêle et confondus. Le temps sur nous déploie un suaire écarlate. Entre deux rangs de tourmentés, squelettes au port d'arme, sans possibilité de fuite ou de retraite nous nous acheminons vers cet entasse- 10 ment. Dans son bocal la demi-face de ce Russe, veilleuse berlinoise suspendue dans la nef, pour l'avenir témoigne.

Le monument d'horreur indéfectible rougeoie sur le couchant.

Le cœur pétrifié

Puisque le sel miroite au creux des rides, que le torrent est à jamais tari, qu'importe que ces corps aient été corrodés, carbonisés, dissous; qu'importe que la main ait pris forme de branche; qu'importe que les yeux aient coulé, plomb fondu; qu'importe que la bouche ne soit plus qu'un trou noir où le 5 vent, seul, chuchote.

La cendre de ces hommes imprègne l'étendue; la gélatine de leurs os couvre le continent, dépose, durcit en cristal

transparent, semence que l'esprit toujours présent recueille.
Le feu, la chaux, le chlore, le pétrole, la hache, le cyanure, 10
les fourches patibulaires et les fosses communes n'ont pas eu
raison d'eux, car leur pensée vivante anime les vivants.

In memoriam G. P.

Lanières balafrant le soleil, le vent d'équinoxe lacère les
nuées. Éclats du ressac. L'écume projetée roule et tremble
dans les bas-fonds. Un inconnu longe la plage. Noirs oiseaux,
sex cheveux s'insurgent sur le couchant. Il vaticine, il va, il
disparaît, future chrysalide, au cocon de la nuit dont l'opacité 5
s'affirme et le flux abolit sa trace de ses volants de soie.

Tels des fléaux sur l'aire malmenant l'apparence et l'araignée
        nous serons rigoureux;

Ainsi que l'orbite gardant l'œil
        nous serons vigilants;   10

Comme la bague épousant le doigt nu
        nous te serons fidèles.

PIERRE SEGHERS

Octobre 41

Le vent qui pousse les colonnes de feuilles mortes
Octobre, quand la vendange est faite dans le sang
Le vois-tu avec ses fumées, ses feux, qui emporte
        Le massacre des Innocents.

Dans la neige du monde, dans l'hiver blanc, il porte   5
Des taches rouges où la colère s'élargit
Eustache de Saint-Pierre tendait les clefs des portes
        Cinquante fils la mort les prit

Cinquante qui chantaient dans l'échoppe et sur la plaine
Cinquante sans méfaits, ils étaient fils de chez nous,   10
Cinquante aux yeux plus droits dans les yeux de la haine
        S'affaissèrent sur les genoux.

Cinquante autres encore, notre Loire sanglante
Et Bordeaux pleure, et la France est droite dans son deuil
Le ciel est vert, ses enfants criblés qui toujours chantent, 15
        Le Dieu des Justes les accueille

Ils ressusciteront vêtus de feu dans nos écoles
Arrachés aux bras de leurs enfants ils entendront
Avec la guerre, l'exil et la fausse parole
        D'autres enfants dire leurs noms   20

Alors ils renaîtront à la fin de ce calvaire
Malgré l'Octobre vert qui vit cent corps se plier
Aux côtés de la Jeanne au visage de fer
        Née leur sang de fusillés.

Août 41

Pour le mois d'Août qui est placé
sous le signe du Lion. Il pue.

L'été vint sous le signe de la charogne
La croix du Nord se vêtait de sang pourri
Le blé puait le cadavre mal nourri
Le pôle était hanté. Là-bas la Pologne

Mourait. Là-bas on pendait les faux médiums   5
Qui lisaient l'avenir vert dans la tripaille
Des bœufs ouverts. Les poissons entre les mailles
Filaient dans les villes bleu sang. C'était comme

Un grand crachat. L'homme est un poulpe de terre
Qui crève sa poche de nuit au moment   10
Du combat; on vivat là comme le temps
Du pain de trique, on vivait là le mystère

Cousu; on ne rendait pas les corps. Celui
Qui partait était crevé de douze balles
En criant comme un crieur annonce aux halles   15
Le jour plus fort que toutes mesures de nuit.

C'est l'été, farine aux moulins du silence
Le bel été, chien de sang couvert de tiques
Le charançon dans le marbre de l'Attique
La radio hérissée de fers de lance   20

La sève, vomissure aux arbres montée,
Le ventre saint de la mer dynamité
L'Été, bon Dieu, la chaux vive pour semence
Beau travail. Et s'il rate, on recommence.

D'une prison

Touche l'air et l'eau et le feu
Touche sa peau si tu la veux
Touche l'herbe la feuille l'aulne
Toute la terre fait l'aumône
Touche ses yeux, ses yeux ont fui   5
Toutes les Sorgues de la nuit
Les perdirent dans leurs méandres
Touche son cœur, son cœur est tendre
Et touche l'aile de l'oiseau
Il vole à grands coups de ciseaux   10
Si loin que tes mains ne l'atteignent
Et puis avant qu'elle s'éteigne
Touche la flamme, elle est fumée
Touche la neige, elle est buée
Touche le ciel, il est en toi   15
— Ô mon Amour — crie une voix
Une autre voix un nom murmure
Et la prison ferme ses murs.

Automne

Les chemins qui se perdaient dans la colline
On eût dit qu'ils s'en allaient jusqu'au ciel
Et le destin dans votre main, comme un lièvre
Pour quel chasseur était tapi, je ne sais...

Les pas qui vont hors de leur monde en reviennent,   5
Printemps, été, automne, hiver, à quoi bon?
La grive sur une croix de petits plombs
Du soleil tombe à son fourré. Mais qui chante

Aigre, un air de cornemuse ou de basson?
Qui s'en va, délimitant sa vie qui passe   10
Avec sa tristesse en cordeau, qui vient là
Gris et blanc avec les châtaignes d'octobre?

Ah! c'est peut-être celui-là qui retire
Le vert des feuilles, les feuilles des bouleaux,
Celui qui voit en lui des chemins pleins d'eau   15
Où des nuages s'en vont à la dérive.

Que le sang glisse en moi, comme après l'orage
L'eau qui s'égoutte des herbes et des arbres,
La terre boit, noircit et boit, je m'en vais
Loin de moi, vers l'horizon insaisissable.   20

Paroles en l'air

Quand un poète vous dit: Monsieur
Je vous mets mes deux poings sur la figure
et je ne compte pas les points-virgules
Qu'est-ce que vous faites? Vous dites:
Ce monsieur est un imposteur.   5

Quand un poète dit à votre fille
Des mots d'amour si doux, si doux
Qu'elle s'en va comme un serpentin dans la foire aux rêves
Qu'est-ce que vous dites? Un godelureau
n'est-ce pas, un coureur de dot, cachons la fille.   10

Quand un poète plante deux épées dans vos yeux
Vous regarde, et vous voit nu, avec vos bordels et vos sous
Quand vous n'êtes plus qu'un petit ballon crevé
Et toute votre suffisance, c'était à peine du gaz d'éclairage

Qu'est-ce que vous pensez? Vous dites... combien?   15
Car vous sentez tout à coup la bonne affaire,
Il ne serait que d'acheter cette parole du poète

Mais vous êtes flasque et fripé, malade,
Plissé comme une vieille peau,
Ce n'est pas avec vous que le poète refera son monde,   20
Vous n'êtes plus rien que des débris qui gâtez l'air
Des envahisseurs que les chiffonniers piqueront au crochet,
    demain matin.

Adieu, Monsieur! Et n'ayez souci de vos bagages...

Poète

Au monstre des secrets je plie sans jamais rompre
        Jusqu'à l'existence et la voix,
Je me lie à mon temps qui roule entre mes doigts
        Comme un bracelet d'or ou d'ambre.

Je sens autour de moi la vie morte, passée   5
        Mon sang la polit chaque jour
Tel un bijou dans sa coquille de détours
        Aussi fluide que la pensée.

Ce qui fut m'est léger. J'invente, j'imagine
        Je tresse la nuit, le soleil   10
Je réponds en offrant les champs et les abeilles
        L'espoir, le jour que je devine.

Sur mes chariots la vie balance ses navires
        De foin, de mers et de parfums
Et je feins d'oublier le début et la fin   15
        Il n'est de réel que de dire.

Libération de Paris

À la pointe des lances du soleil il y a toujours un œil et une
    mouche
Une mouche de feu qui bombille sur les cadavres, elle a les
    ailes d'une armée
La mouche en gloire de la guerre qui roule au ciel et gronde
    et va
des hautes portes de la mort jusqu'aux campagnes fracassées.

L'œil la voit. L'œil des morts a d'étranges approches
Déjà le corps frémit comme une viande chez le boucher
Claquent des coups de feu, il y a des graines qui éclatent
Et sous les doigts des hommes, d'autres mouches à bout
    portant, qui sont d'acier.

J'ai vu rouler dans le ruisseau ceux qui n'avaient plus de
    fusils
Ils s'écroulaient les poings au ventre, leur vie coulait sur la
    chaussée
Il y avait des têtes toutes rouges, cette peinture-là c'était du
    sang
Il était noir sur les uniformes et sur le trottoir, il s'épaississait.

Les commerçants ont des seaux, des balais-brosses et de
    l'eau claire
Tête-bêche sur les brancards, les soldats morts ne reviendront
    plus
Dans les vitrines il y aura des soutien-gorge tricolores
Déjà la mouche du soleil traîne ses pattes dans la glu.

La vérité

À Jean Paulhan

Le vent qui gelait les cloches des cimetières
L'hiver qui creusait ses fosses dans l'été
Les morts qui s'en allaient dans un cirque désert
La vérité,

Était-ce fausseté ces visages, ces rires   5
Qui s'éboulaient dans le silence, les rats
Qui rongeaient chaque jour notre chair et la lyre
Entre nos bras

brisée, rauque, sauvage et fausse à tant d'oreilles
Celle qui enchantait de ses chants défendus   10
Notre mal, n'était-élle pas? Et l'Abeille,
L'ami perdu,

Celui qui s'en allait sur les toits, somnambule,
Étaient-ils faux? La tragédie jouée au jour
Dans la ville où le mystère déambule   15
Entre les tours

Comme un Roi des Échecs sur un temps qui s'écorce,
La nuit en plaies sur nos épaules se gerçant
Le devin, avec ses messages en Morse
L'amour usant   20

d'une chanson d'espoir la mort comme l'attente,
Non, ce temps fut notre vérité à nous
Qui tournait de la nuit au grand jour, sûre et lente
Sa Roue.

JEAN TARDIEU

Vacances

Puisque les morts ne sont pas revenus,
Que reste-t-il à savoir aux vivants?

Puisque les morts ne savent pas se plaindre,
de qui, de quoi se plaignent les vivants?

Puisque les morts ne peuvent plus se taire,   5
est-ce aux vivants à garder leur silence?

Actualités 1942

Les longs hurlements
d'un désert de songes
d'espace et de neige
de sable et de temps.
L'âtre des ruines   5
fume cependant.

Une porte brûle
fleur incandescente
se tord et s'écarte
s'ouvre lentement   10
à la baïonnette
de fantômes blancs
qui cernent la cendre
éventrent la paille
tranchent la fumée   15
étranglent les sources

règnent sur le vent.

Ô pays nommé France

Ô pays nommé France
en tombeau transformé
signes de l'espérance
aux ténèbres jetés,

ô misère qui pense,   5
vrais visages baissés,
par le même silence
vous vous reconnaissez.

On arrache la guerre
et l'orgueil et le blé   10
à tes bras désolés,

mais déjà ta colère
et ta force première
rechargent les cités.

Le vent

Nous aimions autrefois le vent porteur de feuilles,
il gonflait vers nos fronts les parfums de l'été,
il était une main qui disperse ou recueille
d'accord avec la vie et notre volonté.

Maintenant il ne sait que siffler aux serrures,   5
glaçant comme un couteau le cou des prisonniers
et refoulant les cris dans les pauvres figures
pour nourrir le silence et la nuit des cités.

Ah! de tant de douleur dominée, tout à coup
la bouche sent monter le sel noir et le sang;   10
mais vous qui retenez l'espoir entre vos dents,
le regard agrandi par l'aurore future,
pardonnez à tous ceux qui parleront de vous!

Les mots que vous n'avez pas dits sous la torture
par la voix des vivants se répandent en haine,   15
une vague de plus pour chaque homme qui meurt
s'échappe et descendant à travers les barreaux
va grossir lentement les nappes souterraines
qui feront sauter l'ombre et le mur des tombeaux.

Et c'est le même vent qui cogne à nos prisons,   20
le vent qui déchira les feuilles de l'amour,
c'est lui qui coule en nous ce fleuve de clameurs
et garde le secret de toutes nos saisons.

Il reviendra demain s'enrouler pour toujours
dans les cheveux de l'eau sur nos mains délivrées,   25
dispersant le brouillard des fantômes du jour,
quand hurleront de joie les hautes cheminées
–quand monteront dans l'air tranquille nos fumées.

Oradour

À Paul Éluard

Oradour n'a plus de femmes
Oradour n'a plus un homme
Oradour n'a plus de feuilles
Oradour n'a plus de pierres
Oradour n'a plus d'église   5
Oradour n'a plus d'enfants

plus de fumées plus de rires
plus de toit plus de greniers
plus de meules plus d'amour
plus de vin plus de chansons.   10

Oradour, j'ai peur d'entendre
Oradour, je n'ose pas
approcher de tes blessures
de ton sang de tes ruines
je ne peux je ne peux pas   15
voir ni entendre ton nom.

Oradour je crie et hurle
chaque fois qu'un cœur éclate
sous les coups des assassins
une tête épouvantée   20
deux yeux larges deux yeux rouges
deux yeux graves deux yeux grands
comme la nuit la folie
deux yeux de petit enfant:
ils ne me quitteront pas.   25
Oradour je n'ose plus
lire ou prononcer ton nom.

Oradour honte des hommes
Oradour honte éternelle
haine et honte pour toujours.   30

Oradour n'a plus de forme
Oradour, femmes ni hommes
Oradour n'a plus d'enfants
Oradour n'a plus de feuilles
Oradour n'a plus d'église   35
plus de fumées plus de filles
plus de soirs ni de matins
plus de pleurs ni de chansons.

Oradour n'est plus qu'un cri
et c'est bien la pire offense   40
au village qui vivait
et c'est bien la pire honte
que de n'être plus qu'un cri,

nom de la haine des hommes
nom de la honte des hommes   45
qu'à travers toutes nos terres
on écoute en frissonnant,
une bouche sans personne
qui hurle pour tous les temps.

¶

LA VILLE en moi fermée, en moi dormant
s'ouvre à la marche. Et les bras vont devant
comme les arbres nus privés de vent.
Mille volets obscurs s'animent du dedans
et le ciel que l'on ne voit pas bouge pourtant.   5
Quelque chose à travers tout dure longtemps
mais se tait. Serait-il temps, serait-il temps?

Corot

Depuis longtemps j'errais au fond de mon sommeil autour
des fosses puantes de la douleur: j'étais embourbé, enchaîné
par la nécessité d'admettre dans le domaine de la vie un
interminable charroi de corps en putréfaction sous la lueur
violette et dure d'une lampe à arc. J'étais en train de doubler 5
péniblement le cap d'un énorme réservoir cylindrique lorsque
je m'écroulai, exténué, au milieu de flaques dont la couleur
noirâtre n'était pas moins inquiétante que le battement
régulier de ce grand moteur souterrain...
... Quand je me réveillai, la banlieue avait disparu, le 10
réservoir avait reculé de plusieurs kilomètres et s'était mué
en un monument romain couleur de safran, saisi sur ses
bords par la lumière de la matinée. Quelque part résonnait le
battoir des lavandières, ailleurs parlait une voix claire et
tranquille; du fond des vallées de velours montaient des 15
arbres comme des algues, agités par les frissons d'une vaste

nappe de jour et l'on ne savait quel nom donner à cet espace,
tant il semblait définitivement rendu à la confiance.

Marcher sur des clartés si friables, je ne l'osais pourtant
pas encore. Mais la même voix qui commentait le monde en   20
se mêlant à lui me fit comprendre que je pouvais m'avancer
sans crainte et que la solidité des choses était grande, malgré
leurs douces façons d'agir.

Et en effet, quand j'étendis la main dans le paysage comme
celui qui veut savoir s'il pleut, je connus en même temps la   25
fraîcheur de l'air et la résistance des murs lointains, que
j'avais crus plus légers que des pétales d'œillet; je froissai,
avec leur parfum véritable, des feuillages que mon regard
avait fondus aux brouillards de l'aube et je posai des pas
assurés sur une prairie qui ne m'avait paru d'abord avoir   30
d'autre existence que celle d'une plage vert tendre mangée
par l'ombre mauve d'une colline.

Je frappai à une porte qui ne donnait accès à nul fiévreux
couloir, mais à l'enclos des heures les meilleures et les plus
choisies, à un plateau de plein air habité seulement de   35
quelques enfants assis sur des murs bas couleur de pain.

Espace, espace quotidien! vous êtes fait de cette certitude,
de cette pure conscience et de cette précision! Une branche,
un tas de pierres, un toit pareil à une aile de perdrix, une
touche de soleil sur une tour, un nuage rond... si chaque   40
objet du jour luit à sa place dans la distance et se fait
tendrement connaître par une allusion colorée, si l'air circule
diaphane entre les jalons lumineux de l'étendue, – alors le
regard sans fatigue donne à l'esprit rajeuni la mesure de sa
force et de son élan, alors celui qui voit respire la profondeur   45
comme un souffle salubre, les cauchemars de la nuit se
dispersent à la pointe des ramures et l'on peut, entraîné par
une joie plus proche de la sagesse que du délire, longer les
routes de cet autre rêve: une terre simple et bonne d'où la
menace, le crime et la mort seraient exclus.   50

ANDRÉ VERDET

Les bourreaux

Le miroir de leur chambre a honte de lui-meme
Leurs mots sont-ce des mots ce qui fuit de leur bouche
Leur geste n'inscrit rien au cahier de l'espace
Tout leur échappe et l'air la lumière et le son

Ils sont les dirigeants Ah laissez-moi donc rire   5
Et pleurer de colère et crisper mes deux poings
Du sang toujours du sang qui filtre goutte à goutte
Et la terre elle-même a le goût d'un alcool

La nuit et le silence et l'aurore et le bruit
Mis à nu ça craquera voilà ça s'écroule   10
Un fatras de vieilleries puantes Voyez
Les courir Où se terrer Tout leur est hostile

La grand'peur de mourir au cœur des forêts noires.

Fée

Évasive rêveuse elle émerge et sans bruit
Du vieux puits chrysalide où sommeille d'un astre
La lointaine lueur ainsi d'or l'orde nuit
D'une grotte au trésor que n'atteint nul désastre
Elle crève sans heurts le ciel de sa beauté   5
De la neige enfantine aux paupières dormantes
Et le lys et la rose et l'épi de l'été
Frais surgeons de ses pas et se mire si lente
À quel pur précieux lac d'un futur autrefois
Ah que l'Ogre ou le Masque exorcise leurs crimes   10
Que l'Ombre ouvre tout grand ses ailes sur les bois

Pour enfler son vol noir vers le vierge des cimes
Les jouets n'ont plus peur ils sont prêts à mourir
Un beau songe a promis et la faune et la flore
Puis de sa main gantée où dormait l'avenir   15
Le Fée écrit dans l'air le prénom de l'aurore

Impuissance

Je dis en vain les mots azur oiseau lumière
En vain la prime étoile étanche ma paupière
Je ne reconnais plus le visage où la vie
A marqué d'un sillon l'inquiétude des jours
Je vais je vais sans voir la détresse des autres   5
Un pauvre viendrait-il pour frapper à ma porte
Qu'au plus noir du néant je voudrais me cacher
Je n'entends plus l'amie invisible qui parle
À tout ce qui respire et qui parle d'amour
Mes doigts ne savent plus glisser doux sur la bête   10
Tout parfum m'est odieux qu'il jaillisse des fleurs
Ou de qui l'âme d'or en musique s'évade
Je vais je vais je vais en dehors de moi-même
Dans une vieille peau de serpent et des griffes
Ont poussé à ma rage et déchirent mon vide   15

La ferme clandestine

Les poules cachées dans l'herbe
Comme la fève dans le gâteau des rois des pauvres
Sur la barrière le coq explosion de lumière
Qui s'irrite de ne briller que pour lui
L'âne dont les oreilles   5
En savent très long sur la philosophie
Un cresson de fraicheur autour de la source du puits
Le soleil et l'ombre maîtres verriers sur les carreaux de la cour
Les roses de la propreté qui s'ouvrent à chaque vitre

Et petit monstre merveilleux   10
Furtif sur les tuiles du toit
Le vieux lézard génie des lieux
Qui règle chaque jour
À midi très exactement
Le destin de la ferme   15
De ma petite ferme de France
Que j'ai bâtie dans ma mémoire
En un paysage très secret
Que les nazis n'ont pu trouver
Petite ferme de mon être   20
Où chaque soir je pénètre
Et d'où je sors chaque matin
En sifflotant le même refrain
Par tous les temps de mon chemin

Poème des heures de Buchenwald

Le jour s'en va comme un vieux roi
Dépossédé de sa couronne
Par de barbares étrangers
Seul sur la route de l'exil
Il se retourne au coin d'un bois   5
Quand les frontières du pays
Déjà s'effacent sous ses pas
Le jour s'en va comme un vieux roi

La nuit s'en vient comme une pauvre
Qu'Amour et Gloire jadis comblèrent   10
Et réfléchirent dans leurs lustres
Elle interpelle le passant
Et lui mendie quelques étoiles
Mais lui se hâte en murmurant
Que la folie est chose étrange   15
La nuit s'en vient comme une pauvre

La matin semble un orphelin
Toujours en quête d'un sourire
D'un jeu d'oiseau d'un cri de fleur
Mais la mort seule accourt lui dire   20
Qu'il est des morts qui dorment mal
Dans leur étroit néant de cendres
Des morts que l'on torture encore
Le matin semble un orphelin

Enfants d'Auschwitz et d'ailleurs

Votre dernier regard sur mon cœur bien posé
Personne ne pourra l'en chasser fors vous-mêmes
Si j'oublie un matin le serment et l'adieu

La criminelle ardeur ne vous efface point
De la carte du monde enfants de Birkenau   5
D'Auschwitz de Maidenek de Rostov et d'ailleurs
Contes du méchant loup les histoires en cendres
La honte du brasier et le pleur des étoiles
La flamme vous dévore Au travers je vous vois
Étrangement immobiles terriblement   10
Lucides vivants lumignons de ma mémoire
Devant les gestes laids l'assassinat les hommes

Il nous faut modeler la forme du langage
Il nous faut parler clair pour ne pas altérer
L'eau pure de vos yeux qui éteint l'incendie   15

Le chant

J'écoute dans mon chant la lumière qui chante
La plus belle chanson qu'on ait jamais chantée
Dans ce chant qui m'enchante et lui-même s'enchante
De s'entendre chanter en étant enchanté

Je respire la rose en ce chant et la rose   5
Plus rose d'être rose en ce cercle enchanté
S'enchante d'être un chant parmi de simples choses
Enchantées d'être ensemble un chant de liberté

NOTES TO THE POEMS

One of the founders of the Surrealist movement. His early poetry expresses, with compulsive verbal facility, the elusiveness of the self. In 1931 he broke with the Surrealists, joining the Communist party and publishing the anti-patriotic poem 'Front rouge'. (This long, strident poem contrasts very instructively with Aragon's war poetry; it can most easily be found in M. Nadeau, *Histoire du surréalisme, suivie de documents surréalistes*, Seuil, 1964, pp. 333-43). Aragon was indefatigable in the southern zone as a Resistance writer. *Le Crève-cœur* appeared in 1941 and became immensely popular, capturing perfectly the French people's experience of the phoney war and defeat. *Les Yeux d'Elsa* (1942), *Brocéliande* (1942) and *En Français dans le texte* (1943) were volumes of elegy and *contrebande*. *Le Musée Grévin*, published clandestinely in 1943, is a sometimes magnificent invective against Hitler and Vichy. *La Diane française* gathers together the other illegal poems. Aragon's wartime poetry springs from a search for a *poésie nationale*, in traditional verse forms, addressed to the widest possible audience (see *Entretiens avec Francis Crémieux*, pp. 143-5), a crusade he has never abandoned. One of the most important things the reader of his war poetry must think about is the use made – by one who, as a Surrealist, had renounced patriotism and sought a complete cultural and political revolution – of French culture, especially medieval culture, in calling for patriotic resistance to Fascism. Aragon's disillusion after the Liberation, when France returned to the *status quo ante* instead of emerging as a socialist society, is expressed in *Le Musée Grévin. Les poissons noirs et quelques poèmes inédits* and in *Le Nouveau crève-cœur*. Most of his post-war poetry, however, like so much of his war poetry and his many political novels, is inspired by his love for his wife, Elsa Triolet: 'Par elle, tout m'est clair, d'elle me vient la lumière humaine sur les faits' (*Aragon parle avec Dominique Auban*, p. 160).

page

55 *Tapisserie de la grande peur (Le Crève-cœur)*
On the panic-stricken *exode* from Flanders, in the extreme north-east of France. The title is a reference to one of the glories of European civilization, Flemish tapestry-work.

l.2 In Greek myth the sirens were half-woman and half-fish (or half-bird), and with their bewitching voices they lured sailors to their destruction on a reef. The image is a reference to the German 'Stuka' dive-bomber, which had a siren attached. This gave a rising scream as the plane gathered speed in its dive to attack, terrifying the victims.

l.4 The many-headed Hydra of Lerna was a water-monster in Greek myth. If a head was cut off two or three new ones sprang up in its place. Killing it was one of the labours of Hercules.

l.8 coucous: cowslips.

l.11 The Germans used two types of Messerschmidt fighter-bomber in 1940.

l.12 In German legend, witches and demons met for a witches' sabbath ('sabbat') on Walpurgis night (May 1).

ll.18-19 perdu/Les . . . pendule: An example of *rime enjambante*, promoted by Aragon in 'La rime en 1940' (*Le Crève-cœur*) as a way of revitalizing the tradition of rhyme. Cf. 'Pour un chant national', ll. 18-19.

l.32 'Hell Bruegel' is a name given to Pieter Bruegel the

page

younger (*c*. 1564-*c*. 1637), a Flemish painter of scenes of hellish torment; 'Velvet Bruegel' is a name given to his brother Jan (1568-1625), a specialist in rather artificial landscapes with 'blue velvet' horizons.

56 *Les lilas et les roses* (ibid.)

l.5 Several illusions in fact: that the French army was second to none, that the Maginot line would keep the Germans out of France, and that the French advance into Belgium would plug the gap between the North Sea and the Maginot line.

l.20 This reference to the refugees is an echo of the vogue for camping and cycling holidays in the late 1930s, which resulted from the introduction of paid holidays by the *Front populaire* government. The image underlines how the socialist triumph of 1936 has gone sour, another 'illusion' destroyed by Fascism.

l.28 Compare Éluard and Masson for the association of sexual love and love of country.

l.32 Anjou is a former province, to the south-west of Paris.

57 *Pour un chant national (Les Yeux d'Elsa)*

Published legally in 1942 under the prudent title 'Pour un chant . . . '. The poem is a *contrebande* call for a 'committed' poetry. It was written in response to Alain Borne's *Neige et 20 poèmes* (1941; see notes to Borne): given the political circumstances, Borne's evident talent seemed to Aragon to be criminally wasted on the elegiac or erotic flights of delicate fancy of which the collection mostly consists. The medieval references are typical of Aragon's war poetry. Here, they have two functions: (1) the scenes of courtly dalliance exemplify the dissipation of energy in private frivolities which Aragon is attacking; (2) to affirm the permanence of French culture is to restore a little national self-respect, and also to suggest that judicious cultural reference might be a successful form of *contrebande (Brocéliande* is a good example of this in action) – both these ideas are laid out in 'La leçon de Ribérac ou l'Europe française', an article of 1941 now reproduced in *Les Yeux d'Elsa*. Bertran de Born (*fl.* 1180-95) was an exponent of the *trobar clus*, a type of poetry full of hidden allusions which only the initiated could spot. The current view of him, at the time Aragon was writing, was of a French patriot and precursor of Joan of Arc, an archetypal symbol of liberty.

l.15 Scheherazade is the heroine of the master-tale of the *Arabian Nights*. Threatened with death, she beguiles the king with a succession of beautifully told tales, night after night, until he eventually spares her life.

l.21 Tyr was a port captured by the twelfth-century crusaders.

l.24 The Lethe was a river of Hades, in Greek myth. The virtuous drank of its waters, which brought forgetfulness of earthly sorrows.

ll.29, 32 Hail and locusts were two of the plagues of Egypt (Exodus 7:11).

l.41 One would expect 'sourdit' – 'sprang forth' (from *sourdre*); in Old French there was a verb *sourder*, with the same meaning. Perhaps Aragon is deliberately creating an archaic tone here.

ll.43-4 Flanders is the northernmost of the French provinces, Roussillon the southernmost.

59 *Prélude à la Diane française (La Diane française)*
In *L'Honneur des poètes*. Exemplifies the rousing, song-like call to arms which, warts and all, was a major weapon in Aragon's wartime armoury.

ll.21-5 A reference to the Soviet army, which had defeated the Germans at Stalingrad in February 1943; it was then only a matter of time before the Russians' decisive counter-offensive; 'désorienté' is a typical, and perhaps ill-considered, pun – the disorientated Germans being driven out of the east.

l.28 Unbolting railway lines was a classic form of sabotage.

l.30 The image of fire is an ironic reversal of the notion of 'scorched earth' ('terre brûlée'), a desperate measure which

page

the Russians had adopted when retreating before the Germans' original advance: it meant destroying anything, including crops, which might have been useful to the invader.

l.31 alcôve: a curtained recess containing a bed or beds. In French literature, it implies naughty aristocratic love-affairs: one may wonder about the efficacy of such an image in a poem addressed to the Communist *Francs-tireurs partisans*.

l.43 Formez vos bataillons: A line from the refrain of *La Marseillaise* (see above, p. 3).

l.51 The *maquis* were chronically short of weapons. The Allies were unwilling to parachute too many to them, for fear of armed anarchy after France was liberated.

l.54 Cf. Psalm 80: 'Dieu des armées, jusques à quand ta colère fumera-t-elle contre la prière de ton peuple? / Tu leur fais manger un pain de larmes . . . '

l.55 A reference full of implications. The battle of Valmy (20 September 1792) was the first victory of revolutionary France over the Prussians and Austrians. The attack was led with the shout 'vive la nation'. Goethe said after the battle that a new era had dawned for the whole world. The First Republic was (coincidentally) declared the next day in Paris. An early Resistance journal was entitled *Valmy*.

61 *Il n'y a pas d'amour heureux* (ibid.)
Written early 1943, and appeared legally that year. Written when Aragon and his wife were thinking of living apart, because a security rule of their Resistance movement was that no two members should live together (see *Entretiens avec Francis Crémieux*, pp. 92, 98-100). Does this knowledge change the meaning of the poem?

l.7 A reference to the French Armistice Army, which had been dissolved on 28 November 1942, after the Allied landing in North Africa.

62 *Ballade de celui qui chanta dans les supplices* (ibid.)
Published clandestinely in 1943, both in *Les Lettres françaises*

page

and in *L'Honneur des poètes*. Many poets were inspired by the execution of Gabriel Péri. Péri had been a Communist deputy; he was arrested in May 1941 and shot as a hostage on 15 December 1941, defiantly singing the *Marseillaise*. He acquired legendary status as an exemplary martyr, a legend fostered by the poets. Compare another poem in *La Diane française*, 'Légende de Gabriel Péri', and Éluard's 'Gabriel Péri', Guillevic's 'Souvenir', Masson's 'Tombeau de Gabriel Péri' and Scheler's 'In memoriam G.P.'. Pierre Emmanuel ends his 'mémoire de Péri' thus: 'Vous qui l'avez aimé ce mort vous soit un temple / dont les hymnes futurs emplissent le vaisseau / et que son souvenir sans ombre vous contemple / vous qui venez vous retrouver en son repos' (*Tristesse ô ma patrie*, pp. 104-5). Cf. also these extracts from Péri's farewell letter, written on the eve of his execution: 'Que mes amis sachent que je suis resté fidèle à l'idéal de toute ma vie; que mes compatriotes sachent que je vais mourir pour que vive la France . . . . J'irais dans la même voie si j'avais à recommencer ma vie. J'ai souvent pensé cette nuit à ce que mon cher Paul Vaillant-Couturier disait avec tant de raison, que le communisme est la jeunesse du monde et qu'il prépare des lendemains qui chantent . . . ' (in J. Duclos (ed.), *Lettres de fusillés*, Paris, Éditions sociales, 1970, pp. 37-8). Cf. Aragon's poem with his article 'La passion de Gabriel Péri', in *L'Homme communiste,* pp. 191-203.

ll.30-2 Henri IV (1553-1610) converted from protestantism to Catholicism in 1593, probably as a political step, to secure the loyalty of Paris, and ultimately France. He is reputed to have said 'Paris vaut bien une messe'. Aragon compares this cynical deal to the desperate 'My kingdom for a horse' of Shakespeare's Richard III.

l.54 A fragment from the first verse of the *Marseillaise*: 'Contre nous de la tyrannie / L'étendard sanglant est levé.'

l.57 The other French song is the *Internationale*, the international Communist song.

page

64 *Libération(Le Nouveau crève-cœur)*
An example of Aragon's disillusion after the Liberation.
Compare Seghers' 'La vérité'.

LUC BÉRIMONT (b. 1915)

Served in the army in Lorraine. During the Occupation, he
was one of a group of poets living at or near Rochefort-sur-
Loire, who called themselves *L'École de Rochefort* – jocu-
larly, because they had in common only their friendship and
a dislike of dogma and abstraction in poetry. Bérimont writes
of their attitude: 'On ne saurait dire que nous étions indif-
férents à la souffrance des hommes. Nous serrions les poings
et nous étions prêts à mourir pour – ou avec – les fusillés de
Châteaubriant, mais – sans que nous l'exprimions en clair –
nous savions bien que ce n'était là qu'une atroce mascarade
et que la grande affaire était en nous, au fond de chacun de
nous, enfermée au plus secret du noyau, du silence' (quoted
in P. Chaulot, *Luc Bérimont*, p. 16). *Lyre à feu* (1943)
contains many poems about his experience in the army, a
need to come to terms with this jostling uneasily with an
apparent unwillingness to write as directly as say, Aragon,
about public events. *La Huche à pain* (1943) is really a single
unit, consisting partly of poetic prose and partly of short
poems in verse, describing a kind of visionary journey through
nature. This work, and most of Bérimont's subsequent
poetry, expresses a monism in which even the individual's
imagination is part of a material universe in perpetual fer-
ment. Bérimont's work is a good example of poetry marked
by the war, but written almost as a kind of exorcism of it, by
one who has little faith in the effectiveness of poetry as a
political instrument.

page

65 *P.C. 40 (Lyre à feu)*
The title is a tribute to Seghers' magazine. One of a number
of poems from the *drôle de guerre*.

page

65 *Chanson de route* (ibid.)

Written during the *drôle de guerre*; Cf. Aragon's 'Tapisserie de la grande peur'.

l.1 Cf. the phrase *ce n'est pas la mer à boire* ('It's not asking the impossible'). This metaphorical expression of the army's task is then given literal force in ll.11-12 and 17-20.

l.12 St Christopher is the patron saint of travellers.

l.14 Cf. the saying 'le monde est petit' ('it's a small world').

l.22 ancêtres: aged people.

l.24 The worn out soldiers are themselves like salt tears. How does this image fit in with what precedes, and what view of France does it imply?

66 *Saison* (ibid.)

Cf. Aragon's 'Tapisserie de la grande peur' and 'les lilas et les roses'.

67 *'Tu marchais...' (La Huche à pain)*

Typical of the representation in *La Huche à pain* of the relation between 'self' and 'nature', a relation expressed in another of the poems as follows: 'Je parle de partir à la pointe du vent / Mais le monde est en moi, pris dans mes eaux dormeuses' (p. 31). Does the knowledge that the poem was written in 1942 affect interpretation of it?

l.6 The image is of the rain sweeping across the plain like the sea, swelling and rising like a huge wave until it finally topples and breaks over his head.

67 *'Le boulanger . . . '* (ibid.)

In this poem, the temperament expressed in the previous one tackles a specific incident which many people would think had nothing to do with the seasons, the moon or the countryside. The baker, whom Bérimont had known in Lyon earlier in the Occupation, was killed in his bakery, after a fight, by the *milice*: 'il y avait une histoire d'armes, de juifs, de tracts, de faux papiers, etc.' (quoted in P. Seghers, *La Résistance et ses poètes*, p. 418).

page
68 '*Le temps du beau plaisir* ....' (ibid.)

This poem, related in imagery to the previous one, is hardly more inflammatory, although the last stanza is a general prophecy of rebirth and armed revenge – but whose revenge, against whom? The poem is inspired by the Châteaubriant hostages (see Introduction, p. 6): does this knowledge affect its impact? What is the nature of the hope expressed in the poem? Cf. Emmanuel's 'Otages', Masson's 'Otages fusillés à Châteaubriant' and Seghers' 'Octobre 41'.

l.7 vivats: cheers or acclamation; the literal meaning of the Latin *vivat* is 'may he live'.

ALAIN BORNE (1915-1962)

After demobilization, Borne resumed his career as a barrister. His first major collection was *Neige et 20 poèmes* (1941), characterized by a sense of loneliness and loss. Some of the poems are undoubtedly coloured by the war, but the majority of Borne's work, even after the war, has the same shadow of death hanging over it, although there is a lot of love-poetry expressing delight (often tinged with some obscure guilt) in an almost pantheistic sensuality. It was in response to 'Neige' that Aragon wrote his urgent 'Pour un chant national', calling for politically committed poetry instead of the filigree elegies on which he considered Borne was wasting his talent. Borne's case is, then, a very interesting one because, responding in his turn, he wrote the poems of *Contre-feu* (1942), which have the war as their subject. The first poem in this collection is programmatic, beginning 'Je froisse mes chansons / je détourne mes lèvres de mes amours / car le temps est compté', and ending 'Il est temps de monter sa voix / comme la mèche sur la lampe / que l'on doit voir du bout du monde / c'est l'automne des romances.' Yet even in these poems, there are more despairing visions of evil and devastation than there is determination to resist the evil. In *Terre de l'été* (1945), Borne had already abandoned this political manner, and never returned to it. He therefore compares with Bérimont as a poet apparently unsure of how to incorporate political circumstances into his poetry.

page

69 *Automne (Neige et 20 poèmes)*

Refers to the Autumn of 1939. Cf. Bérimont's 'P.C. 40', and also Aragon's 'Les lilas et les roses' and Bérimont's 'Saison', which refer to the Spring of 1940, when the killing really started. Compare the Autumn imagery with Seghers's 'Octobre 41'.

70 *Deuil (Contre-feu)*

For the theme of the buried dead, cf. e.g. Bérimont's 'le temps du beau plaisir . . . ', Frénaud's 'Nourritures de la terre' and Seghers' 'Octobre 41' and 'Août 41'. One of the ideas in this poem is that of the inappropriateness of grandiloquence (see ll. 36-42): in this respect, compare the tone of the poem with the ones just mentioned, but especially with Guillevic's 'Souvenir' and Ponge's 'Baptême funèbre'. How convincing are ll.88-94?

JEAN CASSOU (b. 1897)

Cassou was a member of one of the first Resistance networks, broken up by the Gestapo in early 1941. His anguish at losing these early comrades inspired an outstanding multi-part poem, *La Rose et le vin* – yet this work, which is amongst some of the best poetry of the war, makes no explicit reference to these events, but is a meditation on love and death. Cassou was arrested by the Vichy police in December 1941, and for two months was kept *au secret* – i.e. allowed no exercise, no visitors, no letters, nothing to read and no writing materials. In these circumstances, he composed a series of sonnets in his head, which were published by the clandestine Éditions de Minuit in 1944, under the pseudonym Jean Noir, with a preface by François La Colère (i.e. Aragon). After serving a year's imprisonment, he went straight back to Resistance work. As well as poetry and many novels, he has written art criticism, and historical and critical essays. Cassou's sonnets are a pinnacle of Second World War French poetry, but he is no respecter of poetry written in obedience to dogma. He considers poetry to be something essentially private, a creative exploration of the interdependence of self and outside world (See *Entretiens avec Jean Rousselot*, pp. 58-72). The sonnets exemplify perfectly the problem of the relation between poetry and 'circumstance'.

It is very striking that Aragon, who so persistently argued the case for a rousing poetry of combat, should have agreed to write a preface for these private poems, almost uniquely 'non-combative' among the clandestine publications of the Éditions de Minuit. Aragon's admiration is partly accounted for by the fact that the very form of the poems is a defiant expression of mental freedom:

> Les quatorze vers du sonnet, leur perfection d'enchaîne-ment, la valeur mnémotechnique de leurs rimes, tout cela . . . imposait au poète . . . le cadre nécessaire où se combinent à la vie intérieure les circonstances historiques de la pensée. Désormais il sera presque impossible de ne pas voir dans le sonnet l'expression de la liberté contrainte.

All these prison-poems should be compared with those of Verdet, the prisoner-of-war poems of Frénaud, and the metaphorical prisons of Reverdy ('Prison') and Seghers ('D'une prison').

page
74 *Il n'y avait . . .*
On this poem, see *Entretiens*, pp. 36-7.
l.9 sphynge: Female sphinx, in Greek mythology. The sphinx was a (female) monster which proposed a riddle to passing Thebans, and killed any who could not answer it. Oedipus rid the country of this scourge by finding the answer, whereupon the sphinx killed itself. The riddle, which may be relevant to the poem, was: what animal goes on four feet in the morning, two feet at noon and three feet in the evening? The answer: man.

page

l.10 In Greek myth, Orpheus was a poet who could move even inanimate things by his music. When his wife, Eurydice, died, he moved Pluto, the king of the underworld, so much that she was released from death, on condition that Orpheus led her back without looking round before they reached the Earth. At the last moment he lost his nerve, looked back, and Eurydice vanished. Orpheus traditionally symbolizes the power of poetry and its limitations (cf. 'À maison de feu ...', ll. 4-8).

75 *'La rue . . . ', 'comme le sens . . . '*
The search for identity and a rôle is central in Cassou's poetry and pre-war novels. Cf. Seghers's 'Automne' and 'Poète' for similar concerns in a poet who is up to the elbows in Resistance work; cf. also Frénaud's 'Les rois mages'.

76 *'La plaie'*
l.1 le temps des cerises: a famous song by J.-B. Clément, which has become a classic of the Paris Commune of 1871. In the song, the short-lived cherry season is assimilated to vulnerable love, valued for its beauty despite its loss: written before the Commune, the song became popular during it, and the cherries have ever since been assimilated to the socialist struggle for justice. The fourth verse begins: 'J'aimerai toujours le temps des cerises: / C'est de ce temps-là que je garde au cœur / Une plaie ouverte'.
l.10 Fantine is the poverty-stricken working-class heroine of Victor Hugo's *Les Misérables* (1862), Cosette her daughter. The novel is a resounding protest against social injustice and the evils of capitalism. See Desnos' 'Le legs' and notes.

78 *'L'univers . . . '*
One of the few sonnets to make (more or less) explicit reference to Cassou's situation when he wrote it. In his preface, Aragon sees this poem as the culmination of the set, and quoting the first stanza and the last three lines, says 'Et c'est peut-être là, en quelques mots très simples, la leçon que

donne au monde la France assise dans son malheur' – a humanist, not a chauvinist, message.

JEAN CAYROL (b. 1911)

After service in the navy, Cayrol joined a Resistance network in 1941. Arrested 10 June 1942, he was deported in March 1943. He spent the last two years of the war in the concentration camps of Mauthausen and Gusen. Cayrol is ever aware of the active presence of God and of evil within man. This is seen clearly both in the pre-war poetry and in the war poems of *Miroir de la rédemption* précédé de *Et nunc* (1944) and *Poèmes de la nuit et du brouillard* (1946). The dominant theme in Cayrol's work is that of Lazarus, man rising again out of destruction: in his post-war poetry, where the Catholicism is usually implicit, this theme is to be found as the tiny element of illogicality which keeps both poem and reader alive. In both his post-war poetry and his many novels, Cayrol often explores, in a wide variety of styles, the never-ending threat of apocalypse to which man is subjected through his moral agency and through biological inheritance. Cayrol's war poems compare instructively with those of Emmanuel, Jouve and Masson, and with the captivity poems of Cassou, Frénaud and Verdet.

page

79 *Dormez-vous? (Et nunc)*
Published legally in 1943. Cf. Aragon's 'Prélude à la Diane française'.

80 *'Ô fruit dépossédé . . . ' (Miroir de la rédemption)*
From a section entitled 'Miroir du fruit', in which Cayrol uses the fruit of the tree of knowledge as a multi-faceted symbol to explore the spiritual dimension of the war and his experience of imprisonment. The poems of *Miroir de la rédemption* were written after his arrest and smuggled into Switzerland, where they were published. See Seghers, *La Résistance et ses poètes*, p. 443, for another poem from this

section. Note the concern with man, and not simply with France.

80 *Retour (Poèmes de la nuit et du brouillard)*
'Nuit et brouillard' is a translation of the German *Nacht und Nebel*, a system under which people were secretly deported to concentration camps, so that those left behind had no idea what had become of them. Compare this poem with Frénaud's 'Printemps' and Verdet's 'Le chant'.

81 *Cœur percé d'une flèche* (ibid.)
Is there anything in this poem to suggest that it has anything to do with the war?
l.2 Cf. the phrase *dormir à la belle étoile* ('to sleep in the open').
l.7 parler à quelqu'un entre deux portes: to exchange a few words with someone without inviting him in.

82 *Demain* (ibid.)
'Temps nouveaux', from the same collection, ends with similar ambivalence: 'voici venir le temps de libertés en sang'. Would the poem have lost anything if it had been written in 1982?

83 *Confession* (ibid.)
l.1 Cf. the expression *paroles d'argent, silence d'or*.
l.2 Verbe: often used to mean 'langage' or 'parole'; it also means 'Word' in the Biblical sense ('le Verbe s'est fait chair').

83 *Mes frères ennemis* (ibid.)
Cf. especially the poems from Bérimont's *La Huche à pain*, Emmanuel's 'Soir de l'homme', Frénaud's 'Les rois mages', and Seghers' 'Automne' and 'Poète'.

RENÉ CHAR (b. 1907)

Char took a leading part in Surrealism, 1930-4. During the Occupation, he commanded the Basses-Alpes section of the *Section Atterrissage Parachutage* of the clandestine *Forces*

Françaises Combattantes. Like Reverdy, he refused to publish during the Occupation. As he wrote in 1941: 'Certes, il faut écrire des poèmes, tracer avec de l'encre silencieuse la fureur et les sanglots de notre humeur mortelle, mais tout ne doit pas se borner là. Ce serait dérisoirement insuffisant'; publishing poems would have been exhibitionist self-indulgence. Char's war poetry is therefore very interesting; he was daily risking death in guerrilla fighting, so that his commitment to the Resistance is as unquestionable as that of an Aragon; but these poems are more exorcisms than weapons. The poems written during the war form most of *Seuls demeurent*. This is found in *Fureur et mystère*, which also contains *Feuillets d'Hypnos* (notes written during the same period), and *Le Poème pulvérisé*, written after the Occupation but mostly inspired by the Resistance experience. All Char's poetry expresses 'la résistance d'un humanisme conscient de ses devoirs' (*Fureur et mystère*, p. 85) – resistance to the absurd and to any experience which degrades humanity. The resistance takes the form of very dense distillations of concrete phenomena into images and allusions (butterflies over a field of rye, the behaviour of Hitler or the Pope) – the act of a mind unwilling passively to accept the world as it is. As in Ponge and Éluard – as different from each other as from Char – the imperfection and negation of understanding and achievement is as essential to the meaningfulness of man and his ideals as the imperfections and negations of an object are to its essence. A corollary of this dialectical view is a refusal ever to be satisfied with what has been achieved, a restlessness which is conveyed stylistically in the poems more by the rhythms and saccadic, almost aphoristic imagery than by explicit statements of belief.

page
85 *Louis Curel de la Sorgue (Seuls demeurent)*
Nature described in its own right is inseparable from nature as an image of human affairs. Compare Masson's 'Poème pour Paula'. The Sorgue is a river near Avignon. Addressing

age

Curel as 'Sorgue' likens his steady, dignified gait to the calm flow of the river.

l.2 doyan: oldest inhabitant. The passage of time and the rhythms of nature are important in the poem.

85 *Chant du refus* (ibid.)

Compare Reverdy's 'Le fil de feu' and 'Le silence qui ment' for the theme of withdrawal into silence. 'Partisan' means 'guerrilla'.

86 *Carte du 8 novembre* (ibid.)

As Georges Mounin points out, the title transforms what might be a general expression of anticlericalism into something much more specific (*La Communication poétique*, pp. 275-9). 8 November 1942 was the date of the Allied landing in North Africa; it was in response to this that the Germans occupied the southern zone of France. 'Carte' is a reference to the *carte inter-zone*, a postcard with a standard set of headings which was the only kind of letter permitted in inter-zone mail. The poem then becomes an expression of the disappointment and disgust felt by so many, all through the war, at the Pope's repeated failure publicly to condemn the inhumanity of Fascism (cf. notes to Masson's 'Poème pour Paula').

86 *Plissement* (ibid.)

In Char's dialectical view of the world, there is no purity (see 'J'habite une douleur') – the evil of Hitler and his French collaborators, which debased all mankind, was too 'pure' to last.

l.2 Mythologically and biologically the sea is the origin of life; compare this coupling of sea and tears (in 'sanglots') with that in Bérimont's 'Chanson de route'.

ll.7-8 étourdis de patience sauvage: Cf. e.g. Emmanuel's 'Les dents serrées', and Tardieu's 'Ô pays nommé France' and Notes.

page

ll.14-15 The time for silence is coming to an end: presumably a reference to the German retreat from France. 'Exode' is a loaded word, because it was the term given to the mass flight from the invading Germans in 1940. 'Le sabre bubonique' takes up the standard wartime reference to the Nazis as 'la peste brune' (Cf. Desnos' 'La peste'): how does Char exploit the cliché?

87 *Hommage et famine* (ibid.)
ll.7-10 The unwillingness to claim victory is typical. Cf. *Feuillets d'Hypnos*, e.g. no. 197: 'Être du bond. N'être pas du festin, son épilogue.'

87 *La liberté* (ibid.)
Appeared in *Les Lettres françaises*, 13 January 1945, but almost certainly written before the Liberation. For many people, the Liberation was a time of disillusion at the display of self-interest and the reappearance of sectarianism; see e.g. Aragon's 'Libération', Éluard's 'Comprenne qui voudra' and Seghers' 'Libération de Paris' and 'La vérité', and notes to these poems. Char had foreseen this anticlimax – see e.g. *Feuillets d'Hypnos*, nos. 7, 65, 220, and also the bitter 'Billet à F.C.' of 1948 (*Recherche de la base et du sommet*, pp. 13-18). The quiet discretion of 'La liberté' may be an anticipation of, or a response to, the disillusion; but is the discretion pessimistic? Cf. 'Seuil'.

87 *J'habite une douleur* (*Le Poème pulvérisé*)
Sums up the experience expressed in *Seuls demeurent* and *Feuillets d'Hypnos*. Hinged on the word 'Pourtant', there is a conflict between expansive idealism and defensive scepticism, resolved at the end only in the dialectical interdependence of the two. Cf. Frénaud's 'Les rois mages'.
l.8 The context brings out the element of *corps* in 'incorporation'.
l.14 la canicule: the dog-days, traditionally the hottest and most disaster-prone part of the year, straddling July and

August. Astrologically, they coincide in part with Leo, which may be relevant to 'le lion' below.

88 *Seuil* (ibid.)

Cf. 'La liberté'. The threshold is emblematic of Char's dialectical vision. The poem links the struggle against Nazism, in the void left by the demise of religion, with the struggle to preserve language (rather than with throwing hand-grenades) – see Notes to Emmanuel's 'Soir de l'homme' for the importance of this struggle. What is the relation between past and future in the poem? Compare *Feuillets d'Hypnos*, no. 2: 'Ne t'attarde pas à l'ornière des résultats'.

l.9 Traditionally planted in graveyards, cypress trees are associated with death.

88 *Affres, détonation, silence* (ibid.)

A postface to *Ma Faim noire déjà*, a book of poems by Roger Bernard which Char published in 1945. Bernard, who was in Char's Resistance group, was only twenty-three when he was caught and shot by the Germans in 1944. It is very instructive to compare the poem with the more descriptive preface Char wrote for Bernard's book, reprinted in *Recherche de la base et du sommet*, pp. 27-8. Compare especially with Ponge's 'Baptême funèbre', but also with Guillevic's 'Souvenir' and the other Gabriel Péri poems (see Notes to Aragon's 'Ballade de celui qui chanta dans les supplices').

l.1 Bernard was based in the valley of the Calavon, 'torrent aux riverains aguerris et taciturnes'.

l.11 Oppedette: a hamlet north of Céreste, where Char had his headquarters. The Calavon foams through the 'gorges d'Oppedette', deep (100-200 metres), narrow (only a metre wide in places) and twisting: they look like lightning and sound like thunder.

ROBERT DESNOS (1900-45)

Desnos was one of the first and most active Surrealists, taking systematic experiments with language further than any of the others, before turning to the theme of search, sometimes for an ideal phantom lover, sometimes for an ideal liberty. His surrealist world is full of metamorphoses, sometimes comic, sometimes weird, always intensely visionary. He broke with the movement in 1930, and sought a more conscious kind of art, in which the poet would use his imagination, but not submit to it, and which would have a more popular appeal than the élitist poetry of Symbolism and Surrealism. A lot of his wartime poetry shows these concerns, but it covers a wide range of expression. *Contrée* (1944) consists of short poems about an imaginary country. This has something in common with Desnos' surrealist world, but is strongly coloured by contemporary events. At the same time, Desnos was writing the poems of *Calixto*, which were not published as a collection until 1962. Callisto, a nymph loved by Zeus was turned into a constellation, the Great Bear, for which Callisto is another name. In this collection, Callisto is the embodiment of a universe without God, remote and baffling but also beautiful and inspiring. Complex, often eidetically vivid, this poetry is a new departure for Desnos, a conscious exploration of man, but an exploration which is conditioned by the war and contains typical *contrebande* affirmations of hope. Desnos was in a Resistance group, and wrote clandestine poetry (collected in *Destinée arbitraire*), ranging from the passion of 'Ce cœur qui haïssait la guerre...', through the irony of 'Le legs' to vituperative sonnets in slang. He was arrested in 1944 and died in a concentration camp.

page

90 *Dans l'allée...* (*Calixto*)

The variation in tone is typical of the collection. What is the effect? The poem is addressed to Callisto.

l.7 chambre ardente: a special court under the *Ancien régime*, which tried cases of heresy and was empowered to order death by burning. The décor was black, and the court perpetually lit by torches.

age

1.8 There were twelve in a firing-squad.

90 *La cascade (Contrée)*

This rainbow and its arrows are remainders of Desnos' Surrealist past; have they any relevance to 1944?

91 *Le cimetière* (ibid.)

Just as the *résistant* Seghers could write 'Octobre 41' and 'Automne', so the *résistant* Desnos could write 'Le legs' and 'Le cimetière'.

92 *La ville* (ibid.)

The Surrealist emphasis on perpetual metamorphosis through imagination is fused here with a typical experience of life under the Occupation, evoked in stanza one.

92 *La voix* (ibid.)

This poem is typical of a certain manner in Desnos' wartime poetry, a rather sentimental expression of a general hope. The generality is enforced by the circumstances: any more specific hope, like that expressed in the famous 'Veilleur du Pont-au-change' (in Seghers, *La Résistance et ses poètes*, pp. 464-7), would have to be published illegally. What is the function of the sentimentality?

93 *La peste* (ibid.)

While in itself, to the reader of 1980, this poem is a powerful nightmare vision, it would also be a transparent piece of *contrebande* to those who had eyes to see. The German authorities posted yellow notices with black print (cf. 1.14) to announce executions (the infamous *avis*); and the Nazis were known as *la peste brune*. But who has posted the notice? What is the effect? An important thing to assess in this poem is the role of the sonnet form: cf. e.g. Cassou's Sonnets. How does the poem compare with Camus' novel *La Peste*?

ll.6-8 The Great Bear is a constellation; Betelgeuse is a

page

bright star in the Orion constellation; Venus is a bright
planet, but also, of course, the Roman goddess of love.
Diana is the Roman moon goddess, goddess of the hunt and
of chastity, frequenting woods and lakes; in painting and
sculpture, she is often represented naked or undressing. She
was jealous enough of her chastity to have Actaeon, who
chanced to see her bathing, torn to pieces by his own hounds.
What is the function of these references in the context? (cf.
'Dans l'allée ...' for a similar mixture of tones).

94 *Ce cœur qui haïssait la guerre... (Destinée arbitraire)*
    In *L'Honneur des poètes*.

94 *Le legs* (ibid.)
    In *L'Honneur des poètes*. What is the function of the sonnet
    form?
    l.1 Victor Hugo was a nineteenth-century writer who became
    the ardent defender of liberty after Napoleon III's *coup* in
    1851. He lived in exile for nearly twenty years. *Les Châtiments*
    are the most famous political poems in French, attacking
    Napoleon III. Desnos' allusion is to an official French anti-
    Resistance poster of late 1942. It made use of a quotation
    dating from the insurrection of June 1848, in which Hugo,
    still at a half-way stage in his political development, expressed
    the fear that instead of a liberal Republic, the insurrection
    risked spawning a bloodthirsty, terrorist 'République de
    Marat'. It is a measure of Hugo's reputation, and of Desnos'
    indignation here, that a poem from *Les Châtiments*, 'Ô
    drapeau de Wagram', was circulated during the Occupation
    in the belief that it was an anonymous Resistance poem (see
    Europe, no. 543-4, juillet-août 1974, p. 217). See also
    Cassou's 'La plaie ...' and Notes.
    l.2 Se retourner dans sa tombe: to turn in one's grave. The
    Panthéon is in Paris; originally a church, it has since 1885
    housed the remains of France's illustrious dead.
    ll.4-5 Hitler and Pétain need no introduction; Goebbels was

the German minister of propaganda; Laval was Pétain's prime minister from April 1942; Bonnard was Vichy's minister of education and a member of the Académie française; Brinon, a founder of the Comité France-Allemagne in 1935, was Vichy's delegate in Paris.

PAUL ÉLUARD (1895-1952)

One of the first Surrealists, he broke with the movement in 1938, mainly because its pacifism seemed dangerous in the light of the rise of Fascism. Joined the Communist Party in 1942. Spending most of the Occupation in Paris, he worked all the time to persuade writers to use their talents in promoting resistance, and was involved in many of the major clandestine publishing ventures. Éluard was never an orthodox Surrealist, if only because he liked to exercise more conscious control over his poetry than orthodoxy allowed, often using traditional verse forms (see also above, p. 22). He began writing explicitly political poetry at the time of the Spanish Civil War, and continued in like vein (but by no means exclusively) into the 50s. The essence of his work is contained in a line from 'À perte de vue dans le sens de mon corps' (*Œuvres complètes I*, p. 364): 'L'amour c'est l'homme inachevé' – the individual is nothing in himself, the outside world (including other people) is nothing in itself: absurdly, each can only be grasped in terms of the other. This impossibility of absolute knowledge often appears in modern literature as an inevitable, tragic loneliness, but it is welcomed by Éluard as a guarantee of perpetual newness (both of self and of nature), experienced literally as ecstasy (= being outside oneself) in the marvellous uncertainty of love. And since this self-realization (as opposed to self-knowledge) depends on interdependence with other people, there is no essential difference, for Éluard, between love and left-wing politics – naïve, maybe, but perhaps more inspiring than the stern versions of the same thing in Rousseau and Sartre. Éluard's illegal war poetry is mostly collected in *Au Rendez-vous allemand*, but he also published a lot of legal poetry, much of it *contrebande*, during the Occupation, notably *Le Livre ouvert II* (1941), *Poésie et vérité 1942* (1942), *Le Lit la table* (1944). As with Aragon, the problem is what to leave out, and the reader will find that some of the most anthologized Éluard classics are not here. The most famous Resistance poem of all, 'Liberté', can be found in many selections, including Seghers' *La Résistance et ses poètes* (pp. 478-80); the same book also has 'Couvre-feu' (pp. 201-2), 'Avis' (p. 269) and 'Courage' (pp. 480-1). All the poems reproduced here are in Volume I of the Pléiade *Œuvres complètes*.

page
96 *Enfants*
Written after the outbreak of war. A good example of Éluard's ability to write short, dense, vivid evocations of a situation through imagery. Cf. the next two poems in this respect, and then contrast the combat poems. Cf. Jouve's 'Fureur des montagnes' and Marcenac's 'Domaine'.
l.3 A typical revitalizing of a common figurative expression, *dans de beaux draps*, 'in a pretty pickle'.

96 *Patience*
One of Éluard's first *contrebande* poems.
l.1 patiente: the noun 'medical patient' as well as the adjective 'patient'. Who or what is the patient?
l.3 Révérence: a curtsy, but also no doubt the misplaced respect shown to the invader.

96 *Les Sept poèmes d'amour en guerre*
Published pseudonymously in the illegal 'Bibliothèque française', late 1943. The dedicatee is Aragon. The seven poems form a unit, and are included here because they economically typify a wide range of Éluard's wartime themes and styles. Note the title: 'love in wartime', but especially 'love at war'. Cf. Aragon's 'Il n'y a pas d'amour heureux' and Masson's 'Poème pour Paula' for the theme of love, and Marcenac's poems for the uncompromising battle-cry.

page

ll.1 ff. For the supreme importance and multiple meanings of the lovers' eyes in Éluard, see the much-anthologized 'La courbe de tes yeux …' (*Œuvres complètes I*, p. 196). Why 'nous' and not 'moi' and 'je'?

ll.30-3 Typical Éluard: the cliché of evening is transformed by the careful ambiguities, which are worth careful analysis. What difference would it have made if he had written 'Le soleil' instead of 'Notre lampe'?

l.60 Le coin du cœur: i.e. the secret dwelling-place of one's most tender feelings.

l.88 i.e. the trainloads of deportees.

l.89 The 'scorched earth' tactic, used by the retreating Soviet army when the Germans invaded, was to destroy anything which could be of use to the enemy, including the crops in the fields. Note the contrast with ll.42-5: politics, for Éluard, is not a self-contained activity, but is part of any human experience.

l.95 i.e. even though we have committed no atrocities, we share a collective responsibility for the war and its resolution.

101 *Comprenne qui voudra*

The thirst for revenge after the Liberation led to summary executions of people suspected of collaboration, while, as Éluard's epigraph suggests, the powerful covered their tracks or were safe in Germany or Switzerland. Girls suspected of affairs with Germans were publicly humiliated, having their heads shaved in the street. Éluard's disgust is comparable to that of Seghers (see 'Libération de Paris' and Notes) and others. See Éluard's own comments, *Œuvres complètes I*, p. 1646.

ll.3-4 Cf. the expression *être sur le pavé*, to be homeless or out of work.

102 *Gabriel Péri*

Published after the Liberation. Compare Éluard's 'epitaph' for Péri (1952; *Œuvres complètes, II*, p. 691). See Aragon's 'Ballade de celui qui chanta dans les supplices' and Notes.

page

The list of words in ll.15-23 is a traditional rhetorical device, but also a relic of the Surrealists' interest in the incantatory or evocative power of certain words (cf. Éluard's *Quelques-uns des mots qui jusqu'ici m'étaient mystérieusement interdits*, *Œuvres complètes I*, pp. 691-718). Luc Bérimont thinks that abstract words like *idéal, devoir* or *trahison* have no place in poetry (quoted in P. Chaulot, *Luc Bérimont*, pp. 38-9); bearing this in mind, it is useful to compare his wartime poetry with Éluard's.

103 *Faire vivre*

Cf. Guillevic's 'Ceux qui sont à la pointe ...' and 'Vivre dans l'air...'. What have they in common? Does the date of this poem (April 1945) make any difference to its meaning?

PIERRE EMMANUEL (b. 1916)

Emmanuel burst into prominence during the war. Right from the start, he has been concerned to 'redonner un sens à l'homme, dans et par la catastrophe qu'il doit, à la fin, surmonter' (*Poésie Raison ardente*, p. 29). For Emmanuel, the fight against Fascism was essentially a fight not for France, but for man. Man's essence is an aspiration to see God and so find an identity for himself. The emphasis on aspiration, rather than attainment, is important: God and man are interdependent in Emmanuel's work. This dialectic is exemplified in 'Soir de l'homme', which appeared in *Combats avec tes défenseurs* in 1942 (this title, an inflammatory fragment from the sixth verse of *La Marseillaise* ('Liberté, Liberté chérie, / Combats avec tes défenseurs'), emphasizes that the spiritual drive is inseparable from political circumstances). In addition to other works, Emmanuel published *Jour de colère* and *XX Cantos* in 1942, both more or less *contrebande* volumes, and included his two clandestine poems in *La Liberté guide nos pas* (1946). *Tristesse ô ma patrie* (1946) includes some war poems. In respect of Catholicism,

Emmanuel's poetry compares most interestingly with that of Jouve and Cayrol, but also with Masson's. Already in the war poetry, and more obviously since, there are close affinities between Emmanuel and Seghers, although God does not figure in the dialectic of self and outside world in Seghers; for all the differences, both are very much of the same generation as poets like Bérimont and Frénaud. *Autobiographies* is of capital importance for an understanding of Emmanuel's work and the phenomenon of Resistance poetry.

page
104 *Soir de l'homme* (*Combats avec tes défenseurs*)
Typical of Emmanuel's grand manner (which is by no means his only one). An expression of religious anguish – the yearning for God being experienced as physical sensation – the poem combines a cosmic, mythical vision with *contrebande* references to the political situation. Note the importance of the theme of language; for Emmanuel, as for others, one of the worst effects of the Occupation was a warping of language; 'défendre l'homme, c'est défendre les mots dont il se sert, d'autant plus que l'ennemi, en l'espèce, s'était installé au cœur des mots' (*Autobiographies*, p. 262) (cf. above, p. 18). The poem is a complex interplay of dialectical tensions, which combine and culminate in the idea that God is *in* the tyrant, that the voice of destruction is also God's voice, which is another way of saying that it is man who has visited his destruction upon himself (cf. 'Prophétie sur les nations' in the same collection, and Jouve's 'Fureur des montagnes'). Cf. *Autobiographies*: 'En ce temps où l'Église se taisait, où la foi n'était plus que lettre morte, le mythe chrétien prenait un sens inconnu depuis des siècles de foi.... Le Christ devenait l'homme lui-même, qui meurt par l'homme et ressuscite, pour sauver jusqu'à ses bourreaux. Hitler aussi était l'homme, qui tue l'homme pour se faire Dieu' (pp. 228-9).

l.16 i.e. everything dissolves or melts together, both *in* the nostalgia (as if it were a vessel), and *into* it, to become

page

indistinguishable from it; 'ce vert', when hell is traditionally red with fire, is part of another tension – but very likely also, for a reader in 1942, evokes the German army uniform (cf. Seghers' 'Octobre 41', ll.11 and 18 and Note).

l.27 dieu: deliberately spelt with a small d; the common noun.

l.39 chœur: choir both as a group of singers and as part of a church.

l.40 mémorial: the noun is used as an adjective; the gaze is a memorial monument.

l.52 apprêts: preparations for a celebration.

l.54 An imaginary law-court (by analogy with *chambre de justice*).

l.87 Isis was the Egyptian mother-goddess. M. Emmanuel explains: 'nom fréquent chez moi, déesse-mère, image du Féminin, image de la divinité souterraine qui refait l'unité de l'être démembré'.

107 *Les dents serrées (La Liberté guide nos pas)*
In *L'Honneur des poètes*. For the theme of silence, cf., e.g. Char's 'Plissement', and Tardieu's 'Ô pays nommé France' and Notes.

107 *Otages* (ibid.)
On the Châteaubriant hostages (see Introduction, p. 6). Published anonymously in the Swiss revue *Traits*, January 1942, and then in *L'Honneur des poètes*. Cf. the previous poem for the theme of silence and language. For comparisons, see Bérimont's 'Le temps du beau plaisir...' and Notes, and also, for the theme of the dead, e.g. Borne's 'Deuil', Frénaud's 'Nourritures de la terre', Guillevic's 'Un tel' and Masson's 'Une femme dit...'.

108 *Mourir (Jour de colère)*
Cf. Jouve for the spiritual dimension of the possibility of death.

page

109-10 *'Le Roulement des roues...', 'Ô chanson poignardée...',*
'Pourquoi verte...' (all from *XX Cantos*)

The *Cantos* are for the most part meditations on God or personally addressed to Him, but coloured by the experience of the war and sometimes referring directly to it. Cf. these three with Masson's 'Pour qui sait regarder...' and Ponge's 'Le platane', for the use made of plant-imagery. The scene at the start of 'Le roulement des roues...' is as of tumbrils taking the condemned to the scaffold, accompanied by drum-rolls. 'Cinq heures attachés' refers to an occasion when condemned Resistance fighters were left tied to a stake for five hours before being shot. 'Paris Nantes Bordeaux' is a reference to the executions at Châteaubriant and Bordeaux (see Introduction, p. 6), and to Paris as the centre of repression and the scene of regular executions. 'Peine capitale' means capital punishment, but, since it is in the plural, 'peines' acquires the additional meaning of sorrow or anguish, and 'capitales' that of 'essential' or 'principal'.

110 *Près de la fosse* (*Tristesse ô ma patrie*)

On a mass grave. Cf. Frénaud's 'Figures sur le navire' and Guillevic's 'Les charniers'. Cf. also Ponge's 'Baptême funèbre' for the fear that words might be inadequate to express such a horror.

ANDRÉ FRÉNAUD (b. 1907)

After repatriation from POW camp, Frénaud joined the Resistance. He first became known in volumes of POW poetry published in 1943. *Les Rois mages* (1943) and *La Sainte face* (1968) contain most of his wartime poetry. All Frénaud's work explores a quest for meaning in an absurd world, undertaken by one who is aware that the only meaning is the exploration itself. This lucid pessimism, with its attendant irony, is as refreshing as the juggling with words with which it is sometimes expressed. The hallmark of Frénaud's work is discontinuity, surges of intense sensation whose meaning is to be sought in the gaps between the surges, just as the self is to be sought in the gap between the words and what they denote (cf. 'L'irruption des mots', in *La Sainte face*, p. 78). 'Brandebourg' and 'Les rois mages' were written in captivity, and should be compared with the poems by Cassou, Cayrol and Verdet.

page

111 *Le départ de Diemeringen (Les Rois mages)*

Written in January 1940. Diemeringen is a small town in Alsace. Drink, distant guns and love-making are confused into a single impression, and the time-scale is telescoped. How is this done? What is the effect?

l.1 In all but the most recent edition, the words 'son trou,' figure between 'les trous' and 'le soldat'.

111 *Brandebourg* (ibid.)

As a prisoner of war, Frénaud was set to work as a navvy at Quitzöbel, in Brandenburg, the dreary, sandy region around Berlin.

l.14 Frénaud is from Burgundy, but has written many poems about Paris, where he has spent most of his life.

112 *Les rois mages* (ibid.)

This poem is crucial for an understanding of Frénaud's work. An important problem to consider is that of the relation between the circumstances of captivity and the universal applicability of the poem (in demythologizing Christianity's story of the three Wise Men, Frénaud sets up a kind of myth of his own, like all good poets). See *Notre inhabileté fatale*, pp. 147-8, for Frénaud's account of the inspiration of this poem. Cf. Char's 'J'habite une douleur'.

l.10 In medieval legend, the Wandering Jew, having shown no charity to Jesus as He was carrying the Cross, was told by Him that he would wander the earth until His return. He appears under various names, but is in fact a symbol for the

page

Jewish people condemned to wander far from Israel – a symbol with particular relevance in 1941.

114 *Printemps* (ibid.)

Written on return from captivity. Cf. Cayrol's 'Retour' and Verdet's 'Le chant'.

l.6 In religious painting, the 'épée de feu' ('flaming sword' – another term is *épée flamboyante*) is a stylized sword with a wavy edge, held by the angel guarding the tree of knowledge in the garden of Eden (see Genesis 3:24). It may or may not be relevant that the Dukes of Burgundy had ceremonial flaming swords.

114 *Vainqueur aridé (La Sainte face)*

First appeared anonymously in the illegal *Les Lettres françaises*, under the title 'Espoir'. Compare 'Nourritures de la terre', Bérimont's 'Le temps du beau plaisir…', Borne's 'Deuil', Guillevic's 'Un tel' and Masson's 'Une femme dit…', for the theme of the French dead feeding the soil of France.

115 *Figures sur le navire* (ibid.)

This nightmarish vision was written in 1945, when the mass graves and concentration camps were being discovered and the horror went further and further beyond belief. Compare 'Assèchement de la plaie' and 'Nourritures de la terre', Guillevic's 'Les charniers', Scheler's 'Le cœur pétrifié'. The problem, as in all poetry, is how to find words to describe the indescribable. Note how, especially in the first section, the words themselves seem to generate ideas: what is the effect?

l.6 A lamprey is scaleless, shaped like an eel, and feeds by sucking the blood of other fish.

l.17 There is a Dutch cheese called *tête de mort* in French.

l.18 couillant: a coinage, suggesting genitalia oozing in decomposition (*couille* is a vulgar word for a testicle). M. Frénaud writes of this word:

page

> Comme si les morts perdaient leur sperme, avec la vie, en pourrissant, et s'en trouvaient tout englués. Image dégoûtante, mais tout le tableau est insupportable. On peut se demander si l'intervention de ce néologisme à un pareil moment implique une exaltation ou une dépréciation de la sexualité ...

– a good question, which affects interpretation of the poem. Cf. 'Vainqueur aride'.
1.22 goule: a familiar word for 'mouth'.

116 *Assèchement de la plaie, Nourritures de la terre* (ibid.)
Cf. 'Figures sur le navire', and see 'Vainqueur aride' and Notes.

GUILLEVIC (b. 1907)

Guillevic's second book of poems, *Terraqué*, was a reaction against the verbal diarrhoea of Surrealism; it established his major themes and techniques and brought him recognition as a poet. In the face of the bankruptcy of religion, a typical Guillevic poem is an exorcism of the absurd, embodying relations between phenomena; the tautness imposed by the spaces (which it is essential to observe in reading) is almost like lines of force between objects. Never sentimental or bombastic, Guillevic's war poetry is often extremely moving, especially in *Exécutoire* (1947), from which all the poems here are taken. Guillevic joined the Communist Party in 1942: how does his poetry compare with that of Aragon, Éluard, Marcenac and Masson? In *31 Sonnets* (1954), Guillevic made an interesting, but short-lived, attempt to break with his usual manner and to write committed Communist sonnets. But while remaining a Communist Party member, he has little regard for poetry that is of purely contemporary interest and not 'liée à l'universel'. When Éluard asked him for poems for the second volume of *L'Honneur des poètes*, he said he had no more Resistance

poems – yet he had already written most of the poems of
Exécutoire, without realizing that they were in fact war
poems! This applies even to poems like 'Avec le chanvre...':
Guillevic only noticed much later how completely saturated
in the Occupation atmosphere they were. (Poems like 'Les
charniers' were, however, written in conscious response to
specific circumstances.)

page
118 *'À genoux...', 'Ceux qui sont à la pointe...', 'Vivre dans
l'air...'*
All written during the Occupation and published legally.
Would their meaning be different if they had been written in
1982?

119 *Chanson*
In *L'Honneur des poètes*.

120 *Vercors*
The Vercors is a plateau region south-west of Grenoble.
4000 *maquisards* proclaimed the restoration of the Republic
there, 3 July 1944, but were crushed with heavy losses in a
violent battle with the German army later in the month.

121 *Un tel*
Cf. e.g. Bérimont's 'Le temps du beau plaisir...', Frénaud's
'Nourritures de la terre', Masson's 'Une femme dit...',
Scheler's 'Le cœur pétrifié' and Seghers' 'Octobre 41'.

121 *Souvenir*
For other poems on Gabriel Péri, see Aragon's 'Ballade de
celui qui chanta dans les supplices' and Notes. The tone of
this poem may have to do with its being written after the war:
cf. Char's 'Affres, détonation, silence' and Ponge's 'Baptême
funèbre'.

122 *Les charniers*
As the mass-graves and the concentration camps were dis-

covered, many poets tried to put their feelings into words; cf. Emmanuel's 'Près de la fosse', Frénaud's 'Figures sur le navire' and Scheler's 'Qui perd gagne'.

PIERRE JEAN JOUVE (1887-1976)

Jouve was one of the rare French poets who wrote anti-war poetry during the 1914-18 war. Already known as a novelist, he gained recognition as a poet in 1933, with *Sueur de sang*, in which his interest in the Freudian theory of the unconscious combines with his Catholic spirituality in a search for release from the sense of imperfection attaching to bodily life. He saw Fascism as literally diabolical, a scourge which corrupt mankind was bringing on itself. His passionate opposition to Hitler, like Pierre Emmanuel's Resistance poetry, was to him simply a stepped-up phase in his exploration of man's spirituality (see e.g. *En miroir*, p. 88). He spent most of the Occupation in Switzerland, publishing there *Porche à la Nuit des Saints, Vers majeurs* and *La Vierge de Paris*. His war poetry swings between an early temptation to turn his back completely on the material world in a mystical pursuit of pure spirituality, a grateful acceptance of the war as a necessary expiation through which man will be purified, and a combative affirmation of the value of a political struggle for freedom (see e.g. the famous 'À une soie', in P. Seghers, *La Résistance et ses poètes*, pp. 272-3). All the poems here are from *Poésie*, vol. II. All should be compared especially with those of Cayrol, Emmanuel and Masson.

page
127 *Fureur des montagnes*
   Written before the collapse of France. Cf. Éluard's 'Enfants' and Marcenac's 'Domaine'.
   l.4 The snow-covered Lebanon mountains are in the west of biblical Syria; the line is a reference to the erotic-cum-spiritual Song of Solomon (e.g. 2:8; 4:8; 8:14) – see l.14.
   l.7 Hélène is a character in one of Jouve's novels, *La Scène*

page

capitale (1935), who symbolizes the union of sexuality and death. She is associated with mountainous country, and is an important figure in a volume of poems, *Matière céleste* (*Poésie*, vol. I, pp. 209-33), as well as in some of the war poems.

l.15 Perhaps a reference to Moses striking the water from the rocks (Exodus 17:6).

l.16 Perhaps a reference to the tables of stone inscribed with God's law, which Moses was given on Mount Sinai (Exodus 31:18).

127 *Destin*

Written before the collapse of France. Jouve says that in both World Wars, his twin passions were 'la fureur de la liberté et la tendresse d'appartenir à un sol' (*En miroir*, p. 86). What attitude to freedom does this poem express? Compare it in this respect with the next three, and then with 'Angles'.

128 *'La messagère...', 'Ai-je perdu...', 'Non-vie...'*

All written during or immediately after the defeat of 1940. The first one bears comparison with Cayrol's 'Mes frères ennemis' and Emmanuel's 'Soir de l'homme'. Cf. Notes to 'Destin'. The urge to an inner world of contemplation was strong in Jouve at this time, even before the defeat – cf. 'Puncta mystica': 'Supprimer la musique et la gloire aux murs gris / Du cloître intérieur et du noir paradis / . . . Car il n'est rien à ce monde mort que prière' (*Poésie*, vol. II, pp. 61-2).

129 *Ruine (Vers majeurs)*

The mingling of ruin and sea, past and present and living and dead, is a powerful expression of a state of mind (comparable in some ways with Frénaud's 'Le départ de Diemeringen'), and is perhaps made easier to grasp by the reference to Meryon in l.18. Charles Meryon was a nineteenth-century

page

engraver, who recorded Parisian scenes (usually of old buildings threatened with demolition) with a mixture of meticulousness and fantasy. For example, one version of *Le collège Henri-IV* has the sea in the background, with mountains on the left! There do also seem to be 'pans de muraille ainsi que bombardés' (l.24 of the poem) near the water's edge. Jouve published an essay on Meryon in 1943 (*Défense et illustration*, pp. 121-64), various comments in which throw light on this poem: Meryon's originality is that athough he drew contemporary Paris, his engravings have 'une apparence de vie révolue, qui est morte, ou va mourir'; Meryon, who was partly insane, had holes dug in his garden, looking for treasure or a corpse; he flooded his bedroom; his art was a combination of madness and lucidity. Finally Jouve says 'Je me souviens d'avoir, pendant le terrible hiver 1939-1940, tremblé à Paris devant de brusques «vues de Meryon» qui criaient l'irréparable désastre'; and Paris in June 1940 was 'le Paris de Meryon, vidé de liberté'. Jouve's poem, then, takes the most banal of wartime sights, a bombarded house, and turns it, through its association with the myth-making Meryon, into a mythical representation of humanity at war. Cf. Emmanuel's 'Soir de l'homme'.

130 *Angles* (ibid.)
Cf. 'Destin', for the relation between spirituality and concrete action, and 'Ruine', for the mythification of reality.
l.1 See Note to 'Fureur des montagnes', l.16.

131 *Les steppes et le chant* (ibid.)
How does this salute from a Catholic to the Soviet army compare with the Catholic Communism of Loys Masson?
l.11 sol flambé: a reference to the 'scorched earth' policy adopted by the Russians when they retreated before the invading Germans in 1941: everything that might serve the enemy, including the growing crops, was destroyed.

page

131 *Ode funèbre* (ibid.)

Cf. Emmanuel's 'Otages', Guillevic's 'Un tel', Masson's 'Otages fusillés à Châteaubriant', Seghers' 'Octobre 41', and the poems on Gabriel Péri (see Aragon's 'Ballade de celui qui chanta dans les supplices' and Notes).

132 *Ravissement* (*Hymne*, 1947)

On the aftermath of the war. Like many others, Jouve was disillusioned after the Liberation (see *En miroir*, p. 96), but what is the tone of this poem? Cf. Aragon's 'Libération', Char's 'La Liberté', Scheler's 'Qui perd gagne' and Seghers' 'La Verité'. For the view of man, cf. the poems of Cayrol.

JEAN MARCENAC (b. 1913)

Marcenac escaped from POW camp in 1941 and joined the *maquis*. His pre-war poetry, gathered along with his legal wartime poetry in *Le Cavalier de coupe*, is usually terse, sometimes positively gnomic. With the war, a different tone appears, an urgent commitment to the struggle against Fascism. The clandestine poems, gathered in *Le Ciel des fusillés*, are direct, combative, uncompromisingly hostile to Nazis and collaborators. Marcenac has remained a committed Communist, although by no means all his poetry refers explicitly to politics. Whether he is writing against religious escapism or art for art's sake, or about animals, or painters, his poetry expresses a refreshing willingness to fight for joy, here and now. Poetry, for Marcenac, as it is for any good poet, is *essentially* resistance, an idea he resoundingly expressed in 'Manifeste de l'école d'Oradour', a polemical preface to *Le Ciel des fusillés* (for Oradour, see Notes to Tardieu): 'Poésie de circonstance, disent-ils. Et tant mieux. Car il est bon que la poésie se charge de toutes les circonstances aggravantes du réel, et rejoue à chaque instant une partie désespérée contre l'absurde.' A corollary of this is something he said recently: 'pour moi, la transformation du monde commence au niveau de l'image' (interview in *France nouvelle*, no. 1777, 1-7 déc. 1979, pp. 41-50).

page
134   *Dire non (Le Cavalier de coupe)*
Published legally in 1943. The 'regard / Que nous avons les yeux fermés' and the 'oiseau inexistant' are reminiscences of Marcenac's earlier Éluardian manner, but put to unambiguous *contrebande* use.
l.2 Cf. *au fil de l'eau*, ('with the current'), and *sa vie ne tient plus qu'à un fil*, ('his life is hanging by a thread'); *au fil des jours* means 'as the days go by'.

134   *Domaine* (ibid.)
An individual twist to the theme of the dead and the soil of France – cf. e.g. Bérimont's 'Le temps du beau plaisir...' Frénaud's 'Nourritures de la terre', Guillevic's 'Un tel'.
l.14 i.e. there was no light anywhere, neither in the perceived world ('terre') nor in the perceiving mind ('yeux').

135f.   *Eux, Mort à nos ennemis, Les traîtres se trahissent* (all from *Le Ciel des fusillés*)
All were written in 1943 and appeared in *L'Honneur des poètes II. Europe*. Cf. Scheler's 'Bilan'. These are among the best examples of the widespread poetry of hatred and revenge – combat poetry, essential to maintain morale. Éluard wrote similarly terse poems of this type. Cf. Emmanuel's 'Les dents serrées'. The genre is usually looser and more traditionally rhetorical. Contrast such poems with the sometimes bitter disillusion of Aragon's 'Libération', Éluard's 'Comprenne qui voudra' or Seghers' 'La vérité'.

137   *L'agent de liaison* (ibid.)
l.9 The enemy is the enemy of light and beauty; but the stars also evoke the yellow star of David which Jews were forced to wear in occupied France.

page
137 *La mémoire des morts* (ibid.)

Cf. Masson's 'Une femme dit...' and Tardieu's 'Vacances'. The danger of forgiving and forgetting is urgently expressed in a poem Aragon wrote just after the Liberation, 'Les survivants', which ends: 'L'amour nous le gardons à ceux-là qui partirent / Et dont la voix n'a plus d'écho que notre voix / Pardonner ce serait oublier leur martyre / Ce serait les tuer deux fois' (*Le Musée Grévin. Les Poissons noirs et quelques poèmes inédits*). See also Éluard's 'Les Sept poèmes d'amour en guerre', and Notes to Scheler's 'Qui perd gagne'.

LOYS MASSON (1915-69)

Masson helped Pierre Seghers with *Poésie 41*, but so much of his poetry was violently Resistance-orientated that, from early 1943, he had to live completely clandestinely. *Délivrez-nous du mal* was published in 1942, minus four censored poems which appeared in the 1945 edition; thereafter Masson could publish nothing legal in France, *Poèmes d'ici* and *Chroniques de la grande nuit* both appearing in Switzerland in 1943. *La Lumière naît le mercredi* mostly consists of poems which had appeared illegally during the Occupation. Masson was a fervent, undoctrinaire Communist Catholic, combining in one person a surprising and temporary – but no less real – comradeship in the struggle against Fascism which Aragon celebrates in his Resistance classic 'La rose et le réséda' (*La Diane française*). His poetry therefore invites comparison with that of Cayrol, Emmanuel and Jouve on the one hand, and Aragon, Éluard and Marcenac on the other. Masson's poetry poses more acutely than almost anyone else's the question of what war poetry is, and of whether and how it dates.

page
139 *Poème pour Paula (Délivrez-nous du mal)*

For the role of love as mediating political reality, cf. Aragon and Éluard. The intermingling of lover, Christ and rural

page

France is typical of Masson. One of Vichy's hobby-horses was 'return to the soil', to the good old-fashioned rustic values which had supposedly once made France great: it would be instructive to compare Bérimont's treatment of nature with Masson's here, and to think about how far either accords with Vichy's ideal (see also Masson's 'Pour qui sait regarder...').

ll.8-11 This criticism of the two ivory towers of love poetry and complacent religiosity is remarkably mild for Masson. For the troubadour image, cf. Aragon's 'Pour un chant national'; also Masson's poem 'Ô ma patrie...'. In *La Lumière naît le mercredi*, there is a poem entitled 'À Louis Aragon', which begins 'Nous aurons su que la poésie n'est pas cette cloîtrée / Cette nonne bâtarde d'un évêque et d'un médium / Ses yeux mi-clos sur son petit carmel de carton doré / Nous les avons ouverts, et vestale nous avons mis l'homme / Dans sa couche'. Masson's criticism of the Church's failure to give a lead in resistance to Nazism is usually passionate and violent – cf. e.g. 'Prière sur la France' (*Poèmes d'ici*, reproduced in P. Seghers, *La Résistance et ses poètes*, pp. 567-9). Cf. Notes to Emmanuel's 'Soir de l'homme'.

l.25 Ordre: presumably a reference to Vichy's 'Ordre nouveau'.

l.26 aède: a Greek bard, like Homer: Masson includes poets in the struggle.

l.57 The Eagle and the Lyre are constellations; Vega is the biggest star in the Lyre, and one of the brightest in the sky; 'l'étoile du berger' is Venus, the evening star, which is also very bright.

142 *Otages fusillés à Châteaubriant* (ibid.)

Illegally published in 1943. See Bérimont's 'Le temps du beau plaisir...' and Notes. For the Châteaubriant massacre, see Introduction, p. 6.

page

l.10 The red star is presumably that of the USSR: the fusion of the red star with Christ's blood is entirely typical of Masson.

143 *'Paris en larmes...' (Chroniques de la grande nuit)*
Because French culture is so Paris-centred, Paris has a major place in the heart of most French writers. Many poets wrote poems on the spiritual death, and the physical cold, hunger and silence, of Paris during the Occupation: the extravert cultural capital of the world was, by a common accord, like a ghost town. Cf. 'Poème pour Paula', l.30.
l.1 Saint Veronica is said to have wiped Christ's face as He carried the Cross; the cloth bore thereafter a perfect likeness of His face.
l.3 The image of the star derives some of its power from its triple meaning: the Place de l'Étoile (now Place Charles de Gaulle) in Paris, where the Arc de Triomphe stands, and from which radiate twelve roads; the star of Bethlehem; and the yellow star which, from 29 May 1942, all Jews in the occupied zone were obliged to wear.

143 *'Une femme dit...'* (ibid.)
Cf. e.g. Borne's 'Deuil', Marcenac's 'La mémoire des morts' and Notes, and Tardieu's 'Vacances'.

144 *'Ô ma patrie...'* (ibid.)
One of several poems expressing the active struggle against the temptation to turn away from political events to the solace of memory or nature. Cf. this extract from 'Laudes':

> Ô mon Dieu peuplez-moi de plaines, votre hiver m'a dépeuplé! / Ô mon Dieu faites-moi homme de calme – au fil des tumultes j'ai dérivé / Ôtez ces poudrières en moi, ces arsenaux de mon front / Ôtez le courage de mes épaules que je chérisse même mes prisons / Reprenez ces épées et jusqu'au poignard de justice / Mon Dieu laissez-moi flotter

page

sans dieu à la houle des prairies / Remplacez par des oiseaux ce chant grave des morts en ma mémoire / Exaltez, purifiez / Faites taire ces basses-fosses qui de partout m'appellent / Endormez pour un jour en moi mes frères qu'on flagelle. / Je retrouverai ce soir l'écho des cruci-fixions / et ma vie sur les meules s'aiguisant. Je m'en irai, Seigneur. / Haut sur les villes les prisons rapprocheront leurs tristes fronts de sœurs m'appelant, / Je reprendrai le chemin. / Mais en cette nuit de votre printemps donnez-moi d'être la première pioche et la première charrue / et la première branche épanouie sous vos mains.

(L. Masson, P. Seghers, A. de Richaud, P. Emmanuel, *Pour les quatre Saisons*, Villeneuve-lès-Avignon, Seghers, 1942: each writer chose a season and contributed poems on it (Richaud's contribution was a short story). The book was not submitted to the censor, and was published with a false visa.

144 *'Ce n'est pas en rêve...'* (ibid.)
Compare with the previous poem and with 'Otages fusillés à Châteaubriant' for the tension between demythologizing and myth-making.

144 *'Pour qui sait regarder...'* (ibid.)
One of Trois poèmes à une plante in 1942, published legally in January 1943. Compare with the two previous poems; an important point to think about is what is implied by the precise dating of what might look like some kind of traditional nature-poem. The 'Pour qui sait regarder' alerts the reader to the possibility of reading between the lines. Cf. the treat-ment of nature with the last three poems by Bérimont, and with 'Le platane' and 'Sombre période' by Ponge.

145 *Les mots État Français remplaceront République Française (La Lumière naît le mercredi)*
In *L'Honneur des poètes*, which was published 14 July 1943.

page

Until 10 June 1943, when the Allies invaded Sicily, the only army fighting Hitler on the Continent was the Red Army, and many of the poets of the Resistance, even Catholics like Masson, saw in the Soviet Union an exemplary heroism and the brightest hope of a just peace. Cf. Jouve's 'Les steppes et le chant'. For the significance of the title, see Introduction, p. 3.

l.8 The Star at first seems to be just the star of Bethlehem, and is then assimilated to the Soviet red star; cf. 'Paris en larmes...'

l.9 The Volga is a Russian river, the biggest in Europe.

145 *Ils viennent jusque dans nos bras...* (ibid.)
In *L'Honneur des poètes*. The title is a pointed quotation from the *Marseillaise*: 'Ils [enemy soldiers] viennent jusque dans nos bras / Égorger nos fils, nos compagnes.' La Petite-Roquette is a prison.

146 *Tombeau de Gabriel Péri* (ibid.)
First appeared in *Chroniques de la grande nuit*, under the title 'Tombeau de G.P.' See Aragon's 'Ballade de celui qui chanta dans les supplices' and Notes.

FRANCIS PONGE (b. 1899)

Ponge is the poet of 'le parti pris des choses': in his renderings of simple animals or objects, he draws the reader's attention, through the challenge presented to expression by even the simplest description, both to the qualities of the thing described and to the nature of language. The whole of his work is a tonic resistance to the tragic outlook on life: man, things and language are constantly re-created in exhilarating utterance, the reader coming to life in his encounter with the speaker, as he savours the object and the words with his senses and his brain. After service in the army, Ponge worked in the Resistance. Although he experimented with satire before the war, Ponge was hostile to political poetry; indeed, there is little mention of people in his poems, let alone politics. This is because, in his view, directly you talk about man, especially political man, the likelihood is that you adopt one set or another of clichés about him; Ponge aims, by constantly renewing man's vision of things through language, constantly to renew man's vision of himself. Of the poems taken here, 'Détestation' and 'La métamorphose' are less characteristic than the others, but all are examples of a concern (which Ponge shares with poets as different from him as Emmanuel and Jouve) to write a poetry which, while clearly and effectively referring to political circumstances, will at the same time stand as a valid statement about the world when those circumstances have changed. Ponge's wartime texts can be found in *Pièces, La Rage de l'expression* and *Lyres*; much of *Le Savon* was written in the war; see also the important 'Pages bis' in *Tome premier* (pp. 204-48).

page
147 *Le platane (Pièces)*
Appeared legally in 1942, with subtitle 'ou la permanence', along with 'Sombre période', under the overall heading 'La permanence et l'opiniâtreté'. A good example of *contrebande*. Cf. more orthodox expressions of patriotism in e.g. Emmanuel's 'Otages', Seghers' 'Octobre 41' and Tardieu's 'Ô pays nommé France'; for different uses of plant-imagery, see e.g. the three Emmanuel *Cantos*, Marcenac's 'Les traîtres se trahissent' and Masson's 'Pour qui sait regarder...'.
l.1 The title is '*Le* platane', *any* plane tree, so why 'notre avenue française' instead of, e.g. 'les routes'? Ponge often exploits archaic or etymological meanings; here, does the etymological sense of *avenue*, 'biens qui adviennent par succession', have any relevance?
l.3 Note the pun in platitude – both 'cliché' and 'flatness' (plane-bark peels off in smooth flakes). The double meaning, like the use of 'sèchement' instead of, e.g. 'écorces sèches', is

typical, and makes the reader as aware of the language as of the plane-tree (cf. 'émeus' and 'émets', ll.10, 11): the tree growing and shedding its old bark thus also becomes a symbol – of what?

ll.4, 6 'Virile' and 'vieille race' seem to be contemptuous references to the cult of 'virility' in Fascist racialism.

l.5 *Tronquer* means 'truncate', but used to mean 'lop', and for the French reader is clearly cognate with *tronc*. Plane trees are often lopped, growing wider and higher as a result.

l.6 The seed-clusters of planes look exactly like pompoms.

l.12 Historically, the Languedoc was the southern part of France, with a different language (*langue d'oc*). The Nazis thought the Latin Mediterranean races inferior to the Germanic ones: in choosing the plane-tree, specifying Mediterranean France, drawing attention to the Latin origins of French and emphasizing French pride and permanence, Ponge leaves the reader in little doubt as to his opinions.

147 *Sombre période*

Originally subtitled 'ou l'opiniâtreté' (see Notes to 'Le platane'). This paragraph, with slight modifications, was eventually to be the starting-point for 'Ode inachevée à la boue' (*Pièces*). On its own, it is a humorous, and also deadly serious, affirmation of an obstinate revolutionary attachment to the soil of France.

l.1 songerie funèbre: perhaps the inter-war period, or the *drôle de guerre* (cf. 'l 'illusion tragique' in Aragon's 'Les lilas et les roses').

l.2 One might expect 'fond' instead of 'fonde': what is the effect in the context?

l.3 regard: gains from having, in addition to its usual meaning, another one: an inspection-hole in an aqueduct, sewer, etc.

l.4 *Rouer* means to break someone on the wheel (an old form of execution); *rouer quelqu'un de coups* means to thrash some-one. So there is a pun on the cart wheels, which leave wounds

page

on the mud. To personify the soil as a 'corps limoneux' is to
imply phrases like 'le limon dont nous sommes pétris' (cf.
Genesis 2:7, 'Dieu forma donc l'homme du limon de la
terre'): France is a person, and French people are tortured
bodies, broken by 'charrettes hostiles' (NB. the resemblance
of *charrette* to *char*, meaning 'tank').

ll.5-6   i.e. 'la constance et la liberté d'une sarcelle . . . guident
nos pas'. Ponge's order enables him to give the little duck an
unducklike sting in its tail: 'la liberté guide nos pas' is a
phrase from 'Le chant du départ', one of the classic patriotic
sons of the French Revolution, which begins 'La victoire en
chantant nous ouvre la barrière,/La liberté guide nos pas...'.
What is the function of the ambiguity of construction at the
end?

147 *La métamorphose (Pièces)*

A good example of a text which changes with the reader's
knowledge of the circumstances of its writing. It was written
up on a blackboard (so that it could be rubbed out quickly if
danger threatened) at a Lyon art gallery which was a Resist-
ance centre. It was a call to young men to join the *maquis*
instead of doing *service du travail obligatoire*.

148 *Détestation (Lyres)*

In the illegal *Chroniques interdites* (Éditions de Minuit,
1943). The explicit first-person lyricism is very unusual in
Ponge, but the dense imagery and multiple meanings are
not. The Germans took (by rail) the food, raw materials and
industrial products needed to sustain their own war effort.
One result of the consequent shortages was that women had
to wear clogs, which became one of the characteristic sounds
of the Occupation.

148 *Baptême funèbre* (ibid.)

Written after the Liberation for a commemorative volume
on Leynaud. An excellent example of how discretion and

control can generate great emotion: the very fear of lyrical effusion conveys what a strong emotion is demanding to be expressed. Note the investigation of the substance (even the printed shape) and the logic of language (cf. 'Le platane'): it is through this centrality of language in the poem that the emotion emerges. Cf. Char's 'Affres, détonation, silence', Guillevic's 'Souvenir' and the various poems on Gabriel Péri (see Notes to Aragon's 'Ballade de celui qui chanta dans les supplices'). Ponge has defined those he loves as those about whom he is incapable of writing adequately (*Méthodes*, p. 252): it is hard enough to find the right words to capture an object, let alone one's feelings for another person, where there is so much danger of doing the person and oneself an injustice. In the famous essay of 1944 which first brought Ponge to prominence, Sartre says that in concentrating so much on objects, Ponge 'dehumanizes' people or 'turns them to stone' (*Situations I*, pp. 255-6, 269). Ponge's poem is in part an answer to Sartre's point (cf. l.12) and to his own inhibitions.

l.8 Ponge has deliberately written 'peut être' and not 'peut-être': what is the effect?

l.14 In funeral orations, it is an ancient device to protest one's incompetence ('words are inadequate to express...' etc., etc.); how, and with what effect, does Ponge revitalize the cliché? Cf. Emmanuel's 'Près de la fosse'.

ll.31-3 Read the five words in capitals as a second sentence underlying the main one. 'Ainsi' thus becomes double: *in the same way* as these simple truths (ll.20-30) have been repeated as commonplaces (language, a set of commonplaces, is for Ponge our 'common place', the one thing we share, where we all have our being), *so let him be ressuscitated* (by a chorus of friends through my mouth – i.e. my words are collective and shared, and only 'decide' this ressuscitation because they are agreed to as new commonplaces by the friends). 'Ressuscité' means 'raised again' or 'revived', but contains *susciter*, to raise or call into existence either people or, through language,

page

an idea or emotion. What is the function of the tension between the very individual language of the poem and the references to the collective mother tongue? In ll.34-7, what is the relation between this tension and the slow-motion glimpse of the firing-squad? The capitals make the last word ambiguous: 'René' or 'rené'? What is the effect of the double meaning?

PIERRE REVERDY (1889–1960)

One of the most original and influential poets of the century. His pre-war poetry typically presents raw sensation, and then, through vivid, progressive juxtaposition of images, investigates how the mind interprets sensations, and with what implications. The taut rhythms and half-hidden phonetic echoes embody this never-ending, saccadic process of making sense of the world – a process which is at the same time a creation of self, in the tension between the shapeless flow of experience and the rigorous structure of the poems. Reverdy refused to publish during the Occupation, but he did go on writing, almost as an exorcism of wartime realities. These poems are collected in *Le Chant des morts*, from which all the poems here are taken. Cf. the Jouve poems from *La Nuit des saints*. As responses to a specific historical episode which might have been written at any time, they are important evidence in assessing the phenomenon of *poésie de circonstance*.

page

151 *Le fil de feu*

Compare the next poem, and both with Char's 'Chant du refus' and Tardieu's 'Ô pays nommé France' and 'Le vent'. The images of nightfall and darkness lit by intermittent flashes are typical Reverdy.

151 *Le silence qui ment*

To remain silent is misleading, but so is to speak: the last

page

three lines look forward to what he will say when the war is over. Cf. 'Aube sinistre' and 'Sous le vent plus dur', where words are feared to be as untrustworthy after the war as during it.

152 *Prison*

For another metaphorical prison, see Seghers' 'D'une prison'; then cf. true poems of captivity by Cassou, Cayrol, Frénaud and Verdet.

152 *Aube sinistre*

For the uncertain or bleak post-war future, cf. Cayrol's 'Cœur percé d'une flèche' and 'Mes frères ennemis', and Scheler's 'Qui perd gagne' and Notes. This poem, complete with its typical imagery of a moving curtain and hidden presences, could easily have come from an earlier collection like *Sources du vent* (1929).

153 *Sous le vent plus dur*

Note the theme of language, and cf. 'Le silence qui ment', 'Aube sinistre' and 'Temps de paix'. The last two lines are a variant on the widespread theme of the dead in the earth – see e.g. Bérimont's 'Le temps du beau plaisir...' and Frénaud's 'Nourritures de la terre'.

LUCIEN SCHELER (b. 1902)

After publishing some poems in 1929, Scheler wrote no more poetry until, encouraged by Éluard, he was moved by the experience of the Occupation and Resistance to return to it. The central theme of Scheler's post-war poetry is conveyed by the title of one of his collections, *Lisières du devenir* (reprinted in *Rémanences*): with self and world in perpetual change, every phenomenon becomes a frontier or threshold – not a thing in itself, but a vivid sensation of change between one thing and another. In his war poetry, the oneiric side of

page

this sensibility is expressed in nightmarish visions of a world become hell (cf. Seghers' 'Août 41'); but a tough combativeness is never far below the surface. Scheler's war poetry, most of which was clandestine, is collected in *La Lampe tempête*, from which all the poems here are taken.

155 *Noël à croix gammée*
In *L'Honneur des poètes*. Cf. Bérimont's 'Le temps du beau plaisir...'. A *croix gammée* is a swastika; Christmas is thus confused with a ghastly Easter (cf. ll.5, 18). A thing to consider in this poem is the role of internal rhyme, alliteration and assonance.
l.1 sélénien: appertaining to the moon; 'grand-duc': eagle-owl, the largest European owl.
l.7 In Greek myth, Jason, in order to win the Golden Fleece, had to sow a field with dragon's teeth and kill the host of armed men who immediately sprang from them. As they advanced on him, he flung a boulder into their midst: they began fighting amongst themselves, and Jason finished them off.

155 *L'extrême limite*
In *L'Honneur des poètes II. Europe.*
l.4 Sirius: one of the brightest stars, associated with the hottest and most disaster-prone part of the year.
l.6 Cléopâtre: the ravishing Queen of Egypt for whom Antony risked the Roman Empire.
l.7 Ophélie: Hamlet's lover, who was drowned picking flowers.
l.8 larmes bataviques: 'Prince Rupert's drops', glass drops with long, fine tips, formed by dripping molten glass into water; if the tip is snapped, the whole thing shatters into pieces.
l.10 A reference to Pétain.
l.15 Cf. e.g. Marcenac's 'La mémoire des morts' and Notes.

page
156 *Bilan*

In *L'Honneur des poètes II. Europe.*

l.2 The fifteenth-century *hospice* at Beaune, now an old people's home, possesses excellent vineyards in Burgundy; the wine they produce is auctioned each year to raise funds.

ll.4-5 The Montevidean seer is Lautréamont, a mysterious nineteenth-century prose poet, who was a Surrealist cult-figure. The squid ('calmar') and the spider ('aragne') are creatures which figure in his visions of slaughter and destruction.

ll.32-5 Cf. Marcenac's poems. The image of the wind whispering over the cobbles has overtones of revolt for the French reader, because in the great insurrections the cobbles of Paris have always been torn up and used as missiles or for making barricades.

157 *Police*

In *L'Honneur des poètes II. Europe.* Not melodrama, but a reference to a notorious episode during a round-up of Jews in the quartier Champerret of Paris.

158 *Qui perd gagne*

Loser wins. Not so much a poem of disillusion – although there are such in *La Lampe tempête* – as of horror at the newly-revealed extent of Nazi inhumanity. Hitler had promised that the Third Reich would last for a thousand years – and, says Scheler, perhaps it will, in its infection of people's minds. Pierre Emmanuel said the same thing in 1947: 'Hitler est en nous . . . Hitler a gagné la guerre en l'intériorisant' (*Autobiographies*, p. 208). The poem refers to the grisly relics kept in the extermination camps – both literally and metaphorically *temples de mémoire* – in particular a head, sectioned down the middle and preserved in formalin. Cf. Frénaud's 'Figures sur le navire' and Guillevic's 'Les charniers'; and, for the dangers of 'forgiving and forgetting', Marcenac's 'La mémoire des morts' and Notes.

page
158 *Le cœur pétrifié*

A hopeful counterweight to the previous poem. Cf., e.g. the next poem and Frénaud's 'Assèchement de la plaie' and 'Nourritures de la terre', Guillevic's 'Un tel' and Seghers' 'Octobre 41'. How persuasive do you find the poem compared with, say, Guillevic's 'Souvenir' or Ponge's 'Baptême funèbre'?

159 *In memoriam G.P.*

See Aragon's 'Ballade de celui qui chanta dans les supplices' and Notes. 'G.P.' denotes both Gabriel Péri and Georges Politzer, another Communist *résistant*, who helped found *Les Lettres françaises* and was executed in May 1942.

PIERRE SEGHERS (b. 1906)

See Introduction, p. 8. Seghers' war time poetry is of interest because, apart from its intrinsic quality, it illustrates the fact that even poets as passionately committed to political and moral causes as Seghers did not necessarily feel obliged to write nothing but combative or vituperative poetry. While much of what he wrote at the time is of that kind, his later characteristic concerns are already evident: the pursuit of an unattainable self, by a materialist acutely aware that he is part of a constantly changing, dangerous but beautiful universe – an embattled poetry, full of questions but life-affirming, cosmic but never metaphysical. All the poems reproduced here are to be found in *Le Temps des merveilles*.

page
160 *Octobre 41*

Appeared anonymously in 1942, and then in *L'Honneur des poètes*. On the Châteaubriant hostages (see Bérimont's 'Le temps du beau plaisir...' and Notes). Cf. 'Automne', and Borne's 'Automne'.
l.2 This image, and the poem as a whole, is affected by the fact that many vines go blood-red in autumn.

page

l.7 Eustache de Saint-Pierre: one of the six heroic burghers of Calais willing to give themselves up, along with the city keys, to Edward III of England, in order to save their city.

l.15 Seghers and other poets often used the colour green in allusion to the grey-green colour of the German army uniform (cf. 1.22, and 'Août 41', 1.6); this green sky is also reminiscent of apocalyptic paintings like P. Bruegel's *Triumph of death*.

l.23 Joan of Arc, scourge of the English at the end of the Hundred Years War, whose aim was to kick the invader out of France, was burnt for witchcraft by the English in 1431. As the French patriot *par excellence*, she was often invoked by Resistance writers – and also by Vichy, of course.

ll.20-24: Cf. Éluard's 'Gabriel Péri' and Notes, and see Introduction, pp. 16-18.

161 *Août 41*

First appeard in *Pour les quatre Saisons* (1942), under the title 'Août' (Seghers contributed all the poems on summer). This volume, to which Emmanuel, Masson and André de Richaud also contributed, was never submitted to the censor, and was illegally, but overtly, published with a fictitious censorship visa. The fragmentary, unbalanced evocation of nightmare is common in Seghers' war poems, and the fragmentation – without the nightmare – is still typical. 'Le lion' means the constellation Leo.

l.2 The Southern Cross, visible only in the southern hemisphere, is reputedly the most magnificent of all constellations. 'La croix du Nord' (there is no such constellation) suggests the swastika – visually and associatively the contrast is very powerful.

l.3 A demythologization of the standard consoling image of the dead becoming one with the soil of France; see the previous poem, and Bérimont's 'Le temps du beau plaisir...' and Notes.

l.4 The original version had 'Sologne' (a region south of

page

Orléans) – a (transparent) device to deceive the authorities.

l.6 For 'l'avenir vert', see Note to 'Octobre 41', l.15.

ll.7-8 Surrealist nightmare, or *contrebande*? In French, as in English, criminals (and Resistance workers) 'slip through the net'; 'sang', coming after 'bleu' is a shock, but NB. the phrase *bifteck bleu*, a nearly raw steak, even rarer than *saignant*.

ll.11-12 i.e. the only food was truncheon-blows (cf. 'le pain des larmes' in Aragon's 'Prélude à la Diane française', l.54).

ll.12-13 Cf. the phrase *garder bouche cousue* 'to keep silent'.

l.14 There were twelve in a firing-squad.

l.19 Attica is the region round Athens, a cradle of European civilization. Out of its famous marble was created some famous art and architecture.

l.20 i.e. it was forbidden to listen to the free radio, as if it were surrounded by iron railings or soldiers.

ll.21-4 Cf. l.3 and Note. Quicklime corrodes flesh, and was used to hasten decomposition of bodies in mass graves; 'semence' is both seed and semen.

161 *D'une prison*

Included to show that the *résistant* Seghers also wrote love poetry, and to permit comparison of the metaphorical use of prison with poems of real captivity – see Reverdy's 'Prison', and the poems of Cassou, Cayrol, Frénaud and Verdet.

l.6 The Sorgue is a river near Avignon, dividing into a number of arms which join up lower down. Seghers spent his youth in the area.

162 *Automne*

Written in 1942 or 1943, this non-Resistance poem is typical of a strand in Seghers' later work. Does knowing its date influence its meaning?

l.7 The French shooting season starts in September. Thrushes are a particular delicacy.

ll.10-11 i.e. delineating or measuring his life, using his sorrow like a surveyor's line.

page

163 *Paroles en l'air*

Appeared in Switzerland in *Domaine français* (1943). A contrast with 'Poète', but by no means opposed to it. Note the irony of the title.

l.2 'You'll get both my fists in your face'; (normally, one says 'mon poing').

l.3 a pun on 'deux-points' (= 'colon').

164 *Poète*

Cf. the previous poem. This one affirms a constant in Seghers' poetry, the supremacy of language in all human activity, both private and public. The second stanza, with its complex dialectic of inside and outside worlds, is typical. The last line is a striking confirmation of the ultimate aim of Seghers' commitment to the Resistance – to preserve language, and therefore man (cf. Notes to Emmanuel).

164 *Libération de Paris*

Compare this poem with Seghers' account of the event which inspired it:

> Folles acclamations, drapeaux, gorges serrées. Mais aussi, la lâcheté, l'ignoble . . . A côté de l'heroïsme, je vois se révéler une criminalité collective refoulée. Pour moi, en même temps que les femmes tondues, cette honte, la libération de Paris est indissociable d'un vieux territorial allemand désarmé qui allume sa cigarette, le 25 août 1944, dans une porte cochère de la rue Saint-Honoré. Je revois le geste, la flamme . . . et l'assassinat quelques instants plus tard. Une rafale de mitraillette dans le dos, les bras en l'air! Épiciers, bouchers, charcutiers, fournisseurs de vivres aux Allemands durant cinq ans, bien nourris, bien rouges, je les entends crier aux 'nettoyeurs': 'Vas-y mon gars, vas-y, tire, tire...' Derrière les chars, les voltigeurs s'emparent de l'homme, le bousculent, dégrafent son ceinturon, font sauter le casque, pivoter le bonhomme, le poussent en avant d'un coup de crosse. Et tirent. (*La Résistance et ses poètes*, p. 361)

page

For disillusion and disgust after the Liberation, see the next poem, Aragon's 'Libération' and Éluard's 'Comprenne qui voudra'; the experience was shared by Char, Emmanuel, Jouve, Scheler and many others.

165 *La vérité*

After the Liberation, the fellowship and idealism of the Resistance was destroyed by sectarianism and opportunism. Resistance poetry was dismissed by many as crude and un-poetic, an unfortunate aberration necessitated by unfortunate events. This poem is dedicated to Jean Paulhan, who was involved in the Resistance from the start, and was a founder member of the *Comité national des écrivains*, which published the clandestine *Les Lettres françaises*. After the war, he quarrelled bitterly with those members of the C.N.E. who wanted to impose a Communist Party line on literature. **ll.7-13:** This lyre, with its unorthodox qualities, is the poetry of the Resistance; 'L'abeille' is a clandestine text by Paulhan (reproduced in Seghers' *La Résistance et ses poètes*, pp. 586-7), affirming a willingness to die, however small one's contribution might be, in the fight against the Nazis; 'l'ami perdu . . . somnambule' was actually someone who fled across the roof-tops to escape arrest – but the image takes its place with the others as part of a synthesis of impressions of the Resistance.

JEAN TARDIEU (b. 1903)

Tardieu's poetry, like his Absurdist theatre (which is all post-war) in various ways explores the elusiveness of self, and the capacity of language to cope with an inexplicable and often evil world. There is often a touch of nightmare, but an increasing element of genuine humour shows that a wordly-wise resilience accompanies both Tardieu's awareness of the eerie and his sensitivity to natural beauty. In a lot of post-war poems, as in some plays, language is experimentally dismantled so far that it becomes almost abstract, like music; one point to consider is why there should be so little linguistic experiment in his war poetry. Some of the poems in *Le Témoin invisible* (1943), e.g. 'La ville en moi fermée ...', are *contrebande* references to the Occupation, but Tardieu also published a lot of illegal poems, which can be found in *Jours pétrifiés*. *Figures* (1944), now reprinted as part of *Les Portes de toile*, is a set of linguistic equivalents to the work of French painters and composers, a poetic genre in which Tardieu has continued. He says of this work that it was written 'dans un esprit de résistance', in response to the threat to French culture: many of the paintings literally could not be seen, because they were in safe storage, so that the texts of *Figures* were a resurrection in the memory of essential aspects of French genius. In fact, the preface to *Figures* is downright combative, and the fight is barely concealed in some of the texts.

page
167 *Vacances (Jours pétrifiés)*
The opening piece in *L'Honneur des poètes*. Cf. Marcenac's 'La mémoire des morts' and Notes, and Masson's 'Une femme dit...'

167 *Actualités 1942* (ibid.)
In *L'Honneur des poètes* as 'Actualités'. Why should Tardieu have added '1942' to the title after the war?

168 *Ô pays nommé France* (ibid.)
In *L'Honneur des poètes*. Unusually explicit for Tardieu's war poetry. But cf. Aragon's 'Prélude à la Diane française', and then Ponge's 'Le platane'. Cf. 'Vacances' and 'Le vent' for the theme of silence; how do these poems compare with Char's 'Plissement', Emmanuel's 'Les dents serrées' and Reverdy's 'Le fil de feu' and 'Le silence qui ment'?

page

168 *Le vent* (ibid.)

In *L'Honneur des poètes II. Europe.* See Notes to 'Vacances' and 'Ô pays nommé France'.

169 *Oradour* (ibid.)

One of the classic French poems of the war, published in the last illegal number of *Les Lettres françaises*. Oradour-sur-Glane is a small village north-west of Limoges. On 10 June 1944 a detachment of German soldiers shot 402 men, and burned alive 240 women and children whom they had locked in the church. There were no *maquisards* in the village. Tardieu wrote the poem the very evening news of the atrocity reached Paris. Although he felt that it was still not finished, he allowed it to be taken and published immediately. Perhaps polishing it would have spoiled it. Note how the name 'Oradour' acquires horrific overtones from its constant repetition, almost as if it meant something – cf. Ponge's treatment of the name 'René' in 'Baptême funèbre'. There is a danger, in reading poems like this, of treating the repetitions as lists and missing the full implications of the words: it is essential to attend to every word, so that the temptation to silence emerges fully (cf. 'Le vent' and Notes). Compare 'Oradour' with e.g. Emmanuel's 'Otages', Guillevic's 'Vercors' and 'Les charniers', and Seghers' 'Octobre 41'. The original version had two extra lines between ll.29 and 30: 'Nos cœurs ne s'apaiseront / Que par la pire vengeance'; and another between ll.45 and 46: 'Le nom de notre vengeance'. Tardieu dropped these lines because almost immediately after the war it became clear that all Germans were not Nazis; as he says, the idea of vengeance is 'le côté bête des poèmes de circonstance'. 'Oradour', like so many Resistance poems, is essentially a defence of man, not France.

171 *'La ville en moi fermée...' (Le Témoin invisible)*

Included as an example of *contrebande* and of Tardieu's sensibility. How is it different from 'Actualités 1942'?

page
171 *Corot (Figures)*
Corot (1796-1875) is one of the greatest French landscape painters. Tardieu's text is an apologia for the measure and control said to be characteristic of French art, an apologia for the inspiring effect of politically uncommitted art, an affirmation of the value of French culture in the defence of civilization, and, in his brilliant capturing of the atmosphere of Corot's paintings, a kind of exorcism of the Occupation nightmare. It is important to compare the world presented in 'Corot' with that of Tardieu's other poems, bearing in mind the materialist view of art expressed in ll.20-1: 'la même voix qui commentait le monde en se mêlant à lui'. What justification is there for regarding 'Corot' as poetry?

ANDRÉ VERDET (b. 1913)

Verdet's poetry, whether he is telling a story, giving a virtuoso metaphorical description of a thunderstorm at night, or spinning fleeting glimpses of banalities into a delicate picture-dictionary definition of abstracts like 'sadness', is nearly always very visual (he is a painter as well), but also nearly always reads like the text for a song written for Ferré or Reggiani. Verdet was arrested for Resistance work in 1944, and spent a year in Auschwitz and Buchenwald concentration camps. He wrote a novel based on this experience, *La Nuit n'est pas la nuit*. The poems he wrote in captivity are gathered in *Les jours, les nuits et puis l'aurore*, from which all the poems here are taken. They should be compared with those of Cassou, Cayrol and Frénaud. In 1946, Verdet published an anthology of poems written by Buchenwald prisoners. *Poèmes de l'inquiet souvenir* expresses disillusion at crimes unpunished and efforts unrewarded, but Verdet's later work, as one might expect from the unbelievable buoyancy of some of his concentration-camp poems, is not that of a person given to bitterness.

page
173 *Les bourreaux*
Cf. Marcenac's 'Eux', 'Mort à nos ennemis' and 'Les traîtres se trahissent', and Scheler's 'Bilan', for the death-in-life emptiness of the Nazis; cf. also Cassou's 'Je m'égare…'

173 *Fée*
l.3 orde: an archaic word meaning 'repellently filthy' (the masculine form is *ord*).

174 *Impuissance*
Cf. the poems from Jouve's *La Nuit des Saints*, but note also the experience of degradation.

174 *La ferme clandestine*
If, in l.19, Verdet had written 'les autres' instead of 'les nazis', how would the poem's meaning have been different?
l.2 The Twelfth-Night cake is a tradition in France. In lieu of expensive presents, most people hide a dried broad bean in it. Whoever gets the bean is monarch for the evening.

175 *Poème des heures de Buchenwald*
Cf. Marcenac's 'La mémoire des morts' and Notes. This is a particularly song-like poem; what role does rhyme play in it?

176 *Enfants d'Auschwitz et d'ailleurs*
Cf. Marcenac's 'La mémoire des morts' and Notes.
ll.5-6 Birkenau, Auschwitz and Majdenek were concentration camps; Rostov is a city in the USSR which suffered badly, being taken and lost twice by the Germans.

176 *Le chant*
Dated 'Jour de la Libération 11 avril 45'. Cf. Cayrol's 'Retour' and Frénaud's 'Printemps'.